新しい道徳教育の研究

―心豊かに生きるモラルを育てる―

飯塚 雄三［著］

学文社

はじめに

人は皆，幸せな一生を送ることを願っています。

しかし，現実にはすべての人が幸せな一生を送ることができるわけではありません。幸せな一生を送るためにはそれなりの考えが必要です。

「新しい道徳教育」とは，物の豊かな時代における道徳教育を意味しています。かつて，人類は食べ物が手に入らず多くの人が餓死しました。世界ではいまだこの問題は解決されておりません。最近の日本ではこの食糧問題はほとんど解決をみました。今，食べ物がないという状態は遠のきました。それに変わって食の安全とか自給率が問題となっております。食をはじめとする物の豊かさにより，心の貧しさがさまざま指摘されるようになりました。

――心豊かに生きるモラルを育てる―― とは，この物の豊かな時代において，幸せな一生を送るために必要なモラルを，育てることを意味しています。それは新しい時代を心豊かに生きるモラルの創造といってもよいでしょう。それが幸せな一生を送るために必要です。

人は時のなかを生きています。時は現在が過去への一方向で流れています。逆に過去が現在に流れることはありません。そして，人間は今，現在を生きているわけです。人間は過去も未来も考えることはできますが，過去や未来を生きることはできません。今しか生きられないのです。今しか生きられない人間は，今を本気で生きることが大切です。そして，心豊かに生きるためには，時の流れを認識して，今日を本気で生き，明日も生きたいという強い意志をもつことです。明日も生きたいという精神的な態度を形成することです。生きる目標を定め目標達成のために生きるという強い意志を育てることです。人生における目標を立て，その目標への挑戦です。そして，目標へ向けて日々の努力を積み重ねるのです。そうするとさまざまな問題と直面します。自分の能力とか人生の運とか，相手の立場とか，時代の趨勢とか，それらを見定めて，目標へのチャレンジを続けることです。このことが時の流れのなかで，心豊かに充実して生きるということになります。

また，人間は生物です。生物は細胞からつくられています。生きるという強い意志の形成が一つひとつの細胞を活性化させ，生命体を生きる方向に意識づけます。この自分の人生に対する精神的な意志形成を道徳教育におけるモラルの創造と考えます。このモラルのもとに生きる一日一日が積み重り，幸せな一生をかたちづくっていくと考えられます。ここに，人が心豊かに幸せに生きていくためのモラルの教育が必要となるわけです。

しかし今日，人々は幸せな一生を送るためのモラルを創造しているのでしょうか。少し疑問になります。そもそもモラルをどう考えているのでしょう。人はそれをどこで学び，どう身につけるのでしょう。そして，そのリニューアルは必要ないのでしょうか。私たちはモラルを考え，学問的に追究する必要があります。そして，それを教育として広く普及することが人々の幸せに結びつきます。

人が幸せな一生を送るための明確な考えとしてのモラルなしに，幸福な人生を歩むことは不可能であるからです。つまり，幸せな一生を築くためにモラルが必要であり，また，人生の破綻を招かないためにも必要であります。

モラルとは，自分の人生や社会に対する精神的な態度です。自分の人生と社会，自然に対する自分の基本的なあり方です。わかりやすく言えば，心構えや信念，ポリシー，生き方の基盤などです。それをもたず場当たり的に，ルールを破ったり，人の物を盗ったり，人を殺したり，友人や仲間を裏切ったり，人をだましたり，その時，その場の利益だけを考えて幸せな一生を築くことができましょうか。難しいと思います。

民主主義の社会においては個人が尊重されなければなりません。尊重されるべき個人がしっかりとした考えをもつことがよりよい社会形成には欠かせません。ですから，個人のモラルが重要となります。そして，個人が形成する社会のモラルが問われるわけです。洋の東西を問いません。

さらに，情報化の進展する今日のわが国におけるパソコンによるインターネットやメール，携帯電話，証券取引のインサイダー情報，振り込め詐欺などについて，私たちは情報モラルをどう考えればよいのでしょう。これらについての新しいあり方が求められております。自分の生き方と新しい社会のルールづくりです。

自然界は適者生存です。そして，人間は社会的な動物といわれております。ここ 140 年のわが国社会の歴史的変遷をみても，明治維新の富国強兵・殖産興業により近代化が始まり，工業文明が発達し，資源や販路を求め大陸に進出し，太平洋戦争を経て，終戦により憲法が新しく変わり，工業が著しく発達し，経済戦争を経て，社会が豊かになり，情報化時代を迎え，国際化に晒され，世界的金融危機に直面し，人々の意識が変わりました。

今日，地球はグローバル化され，わが国においても国際化が著しく進展しています。国際社会にどう生きていくのか。加えて，地球温暖化による環境問題です。温暖化を止めるにはどうすればよいのか。私たちの社会や私たちの生き方が根本から問い直されております。

この変化した新しい社会に対応したモラルが今必要です。しかし，現状ではそれが十分創造されているとは思えません。自らモラルを創造する過程のなかで，自らのモラルを喪失し，その場限りの利益の追求により破綻し，幸せな一生を送れない人も現実に出ています。

かつて，わが国は，貧しいながら農業国として家族を中心とする秩序の体制を確立し，多くの人々が幸せな一生を送っていました。自然を慈しみ，人を信じ，父母に孝，兄弟仲良く生きていました。駐日フランス大使を務めたポールクローデルは「私が，滅びないように願う一つの民族がある。それは日本民族である」とポール・ヴァレリーに語っております。しかし今日，社会の変化による物の豊かさのなかで，時代に合った明日を生きるモラルを国民一人ひとりが創造しているといえるでしょうか。

少子高齢化，国際化，情報化等変化する社会のなかで，とりわけ，かつてない豊かな社会を実現した今日，豊かな社会におけるモラルの創造なしに，幸せな明日を生きることはできません。古今東西に通じるモラルを基盤に今日的な新しいモラルの創造が必要です。わが国社会における，この現代的課題解決に学校教育から迫りたい。そんな願いを込めて本書を執筆しました。

上越教育大学大学院で教えを受けた勝部真長先生，相川高雄先生，押谷慶昭先生，勝倉孝治先生の教育への思いを胸に執筆に当たりました。

本書の使用にあたっては，大学における「道徳教育の研究」のテキストとして，また，小・中学校における道徳教育の指導の手引きとして活用されることを願っております。そして，何より教育に志す若者がどう自分の未来を構築するのか，その際，手元においてほしいという願いが含まれております。モラルの創造なしに未来はないからであります。要は一人でも多くの人々が本書を読み，モラルを創造し，心豊かに幸せな生涯を自ら送ってほしいと願っています。

最後になりましたが，学文社の三原多津夫氏・二村和樹氏にはひとかたならずお世話になりました。心より厚く御礼申し上げます。

平成 20 年 9 月 1 日

著者しるす

目　次

第1章
道徳教育におけるモラルの創造
―人はなぜ道徳を学ぶのか―

1 道徳教育ということ

学校における道徳教育は，児童・生徒に，何のために，何を，どう教えるのでしょうか。児童・生徒は何をどう学べばよいのでしょうか。私たちは道徳教育をどう考えたらよいのでしょうか。

道徳という用語について，石川佾男は『道徳教育基礎講座』のなかで，「「道」には頭をまっすぐに向け，行っては止まり，止まっては行く，「徳」には，まっすぐな心を行為化すること，そして，「道徳」とは，頭をまっすぐに向け，まっすぐな心を行為化すること」と述べております[(1)]。

まっすぐな心を行為化することは人間としてきわめて重要であります。しかし，学校教育として考えた場合，一つの行動の行為化よりも，人としてどう生きるのか，そのための教育がより重要となります。学校における道徳教育は人間としてよりよく生きるための教育であります。道徳というと，とかく正義とか，聖人君子とか，自己犠牲を払う立派な行為とかが想像され，人として生きるということが思い浮かびません。そして，凡人の私と関係ないと遠ざけられてしまいます。

しかし，人は社会のなかで，自分の人生を生きていきます。社会は自然のなかに存在しています。この自分の人生や社会や自然に対する自らの基本的なあり方が人として生きるためには必要です。民主主義社会において，一人ひとりの個人が尊重され，人としてよりよく生きるための教育，それが道徳教育であります。

道徳と似た用語に，徳育，心の教育，修身，倫理，規範，モラル，マナー，行儀，生き方，あり方などがあります。それぞれがちがったニュアンスをもっています。今日，道徳という用語だけで学校の道徳教育を規定できない状況があるわけです。

人として生きるためには，人生や社会や自然に対する認識とともに，自分がそれらにどう立ち向かうのか。自己の基本的なあり方が創造されなければなりません。それを，道徳教育におけるモラルと考えます。モラルという用語は社会のモラルとか自分のモラルとして用いられます。自分のモラルというとき，人が人として生きるための態度形成をよく表わしています。

2 モラルということ

モラル（Moral）は，風俗習慣が原義となっております。風俗とは人が生きてきた生活から生まれたものであり，ある時代やある社会における生活上の習わしやしきたりが固定化されたものであります。

また，習慣とは，長い間繰り返し行う生活のうちで，そうするのがきまりのようになったものです。

この風俗や習慣から，ならわし，きまり，しきたりができました。これが社会に存在するきまり，モラルです。社会的道徳概念です。

また，モラルは，個人の人生や社会に対する精神的態度，一般的な規律としてではなく，自己の生き方に密着させ具象化したところに生まれる思想や態度と考えられます。個人的道徳概念です。

自分が生まれたとき，社会には現に存在するきまり，モラルがあります。やがてそれを個人が自己の内面に取り入れると，個人のモラルとなります。人が幸せに生きていくためには，社会に存在するきまりと個人の内面のモラルとの調和が重要となります。社会に存在するきまりを個人が内面に取り入れて，それに自らの考えを新たに加えて自らのモラルを創造します。モラルの取り入れ方や自分の考えの加え方を誤ると自分勝手なバーチャルな世界が現実の社会とかけ離れてつくられてしまいます。それが反社会的であったら，社会から制裁を受け，生きることができなくなります。

つまり，個人が社会のきまりを自主的に内面に取り入れ，自らの考えを加え自己の内面にかたちづくったものそれがその人のモラルとなります。社会的存在の人間が主体的に社会とかかわって，創造性を発揮して幸せに生きていくためのものであります。

そしてまた，社会に問題があるのならば，社会に働きかけ，それを正すのもモラルであります。個人のモラルは社会から取り入れると同時に，個人のモラルが社会に働きかける，双方向の関係が存在します。

ここに，人が人として生きるために，モラルを学び，身につける必要があるわけです。

3　モラルの教育

学校ではこのモラルをどう教育しているのでしょうか。

このことについて，わが国の学校教育では，戦前には修身として，そして，戦後は道徳として行っています。世界の多くの国はさまざまな方法で道徳教育を行っています。宗教に基づくものや宗教からの分離，政治と結びついているものなど多様です。わが国の戦後の学校教育では，当初，学校教育全体（全面主義）で行われ，昭和33年より道徳の時間（特設主義）が加わって実施されてきております。

しかし，この道徳という用語が広く国民に親しまれ，愛されているかというと少し疑問が残ります。大きな犠牲を払った太平洋戦争が思い起こされます。そして，戦前の教育勅語や修身教育が連想されます。教育勅語や修身教育を受けて，戦争になったという苦い経験をもっています。

学校教育は法令に基づいております。この法令を遵守すること，コンプライアンスが今個人に強く求められております。

公立学校における教育内容は学習指導要領に規定されております。各学校が編成する教育課程，カリキュラムの基準です。これを遵守する必要があります。道徳教育は，小・中学校学習指導要領総則第１の２，第３章道徳に規定されております[2][3]。

道徳を教育課程に位置づけた昭和33年には，名称を何にするか議論があったと聞いております。「生活」とか「人間」とかが名称として上がり，「道徳」となったと仄聞しております。時代は変わりました。物の豊かな少子高齢化，国際化，情報化のなかで，自分の人生や社会に対する精神的な態度を形成して，一人ひとりの子どもたちが心豊かにどう自分の一生を生きていくのか，その基となる考えをいかにかたちづくっていくのか。今日の教育の大きな課題であります。

今，「心豊かにを生きるモラルを育てる」ことが求められるゆえんであります。

注

⑴『道徳教育基礎講座』 東京都立教育研究所，1993 年，pp. 4-6
⑵『小学校　学習指導要領　平成 20 年』 文部科学省，2008 年，pp. 13　pp. 102-106
⑶『中学校　学習指導要領　平成 20 年』 文部科学省，2008 年，pp. 15-16　pp. 112-115

参考文献

・『大辞林 第 3 版』 三省堂
・『広辞苑 第 6 版』 岩波書店
・『倫理学〔新版〕』 佐藤俊夫著，東京大学出版会，1992 年
・『教育とは何か』 福田恒在著，玉川大学出版部，1980 年
・『「道徳」時間の研究』 勝部真長著，国土社，1983 年
・『道徳の授業理論』 押谷慶昭著，教育開発研究所，1989 年

第2章
学校の教育課程と道徳教育
―学校における道徳教育とは―

1　教育を受ける存在としての人間

「人間は教育によってはじめて人間となることができる」これはカントの言葉であります。今日このカントの言葉を待つまでもなく，現実に人間は教育を受けることによって人間となっています。

人間がほかの動物と異なる大きな特徴として直立二足歩行および脳と手の発達があります。脳での思考とそれを実現する手の高度な発達，機能化が今日の文明を生み出しました。

しかし，その人間も出生時には，立って歩くことも言葉を話すこともできません。人間の特徴の直立二足歩行と言語の獲得は未完成の状態であります。やがて，自らの成長・発達，そして，教育を受けることによって，直立二足歩行と言語や文化を獲得します。手も高度に発達していきます。その結果として，文明を築き，新たな文化を生み出しました。

2　人間となるために受ける教育の内容

今日人間は，人間となるために次の理由により教育を受ける必要があります。

第一は，人間社会に適応するための教育です。社会化のための教育です。人間は生きるために食べ物が必要です。生きるためには食べなければなりません。しかし，「レ・ミゼラブル」のジャンバルジャンがパンを盗んだように，食べるために他人の食べ物を盗ってよいということにはなりません。社会のきまりに従うことが必要です。社会に生存するための教育です。

第二は，人間が人間らしく成長・発達するための教育であります。言葉を話し，相手の心がわかり，場の空気を読んで人とともに社会で豊かに生きる人間に育つための教育であります。

第三は，社会にすでにある文化の継承のための教育です。文化とは文化財だけではありません。人の生き方です。この文化を洗練し人間として日本人らしく国際人らしく生きるための教育です。文化を継承し，新たに創造のための教育です。

3 学校の誕生と歴史

1で述べたように，人間は教育を受けることによって人間となります。過去，そして現在，地球上にはさまざまな教育が隆盛し衰退しました。その時代その時代で社会の指導者はその社会の存続のため，後継者を育成する必要がありました。そのため，教育機関としての学校を創ったわけです。

柴田義松は，「学校を，ある社会集団が蓄積してきた文化を若い世代に伝達し教育する施設・機関と定義し，その起源は古代文明の栄えた時期にさかのぼることが出来る。歴史上で最も古い学校はエジプトの神殿学校と宮殿学校とされるように，司祭・僧侶・皇帝・貴族のための学校でした」と述べております(1)。

また，「スクールの語源がギリシャ語に由来し，ラテン語の schola にあることから，学校は閑暇のある特権階級のものでした」とも述べております(2)。

やがて，学校は中世・近世を経て，近代の民衆の学校になります。ヨーロッパではルネッサンスと産業革命により知識や技術をもった民衆が大量に必要となり，民衆学校が開かれました。19 世紀の欧米諸国には国民教育制度が成立し，原則としてすべての子弟が教育を受けることとなりました。

日本では，江戸時代に庶民のために寺子屋がありました。武士のために藩校がありました。明治維新により，明治政府は明治5（1872）年に学制を発布し，近代教育制度を近代国家の基盤として構築しました。その後，学制－自由教育令－改正教育令－学校令－教育勅語－小学校令改正－国定教科書－小学校令改正－国民学校令と国家主義の学校教育が続き，太平洋戦争，そして，終戦により，新しい日本国憲法に基づく，教育基本法，学校教育法，学習指導要領による民主主義による今日の学校教育となりました。

4　学校の教育課程ということ

わが国の学校制度が開始されてから130年余，今日のわが国の学校はさまざまな課題をかかえつつ，社会にその使命を果たそうとしています。学校で，何を教育目標として，そのため教師が何を教え，児童•生徒が何を学ぶのかが重要です。

その道筋を創るのが教育課程であります。教育課程とは，Curriculumを語源として，学校という組織的な教育機関が教育目的•目標を達成するための教育内容と教育活動を計画的に編成したものであります。教育機関としての学校のみがもつ固有なものであります。わが国では教育課程の基準として文部科学省が定めた学習指導要領があります。

今日のわが国の道徳教育はこの教育課程の基準となる小学校および中学校学習指導要領に規定されております。道徳は戦後当初は全教育活動として，そして，昭和33年に道徳の時間が加わりました。各学校が編成する教育課程の基準を示す学習指導要領に位置づけられております(3)。

教育課程の編成権は各学校にあります。校長が責任をもって，教職員を指導し自校の教育課程を編成します。したがって，平成○○年度△△都道府県□□区・市立○○小中・学校の教育課程となるわけです。これは教育機関としての学校が独自に編成するものであります。その学校がどのような教育を行うのかを示したものであります。学校の教育目標や教育内容，教育活動などを定めた教育計画であります。もちろん，法令や規則を遵守し，実態に基づくのは公教育として当然なことです。

個性化の教育が求められる今日，各学校独自の開かれた特色ある教育課程の編成・実施が強く望まれております。

5 教育課程編成の基本的な考え

各学校が自校の教育課程を編成するにあたっては，① 憲法・教育基本法等法令，規則に則ること，② 都道府県や市町村教育委員会の方針を踏まえること，③ 保護者や地域住民の意向を反映させること，④ 地域や児童・生徒の実態に基づくこと，⑤ 教職員の願いを生かすことなどが基本です。そして，学校教育法施行規則第50条（小学校の教育課程は，国語，社会，算数，理科，生活，音楽，図画工作，家庭及び体育の各教科，道徳，外国語活動，総合的な学習の時間並びに特別活動よって編成するものとする）を基準に，総授業時数の確保を配慮します。教育内容は学習指導要領に基づくこととなります[3]。

同時に，教育目的の達成状況を評価し次年度への改善を図ることも忘れてはならないことです。

6 道徳教育への期待

今日，一人ひとりの個人がその生涯を全うするため学校教育の重要性は論を待ちません。とくに，モラルの創造は個人のみならず社会においても意義は大きいものがあります。一人ひとりの児童・生徒が豊かに未来を構築する。そして，自己実現を図りつつ，社会へ貢献する。そのことが強く学校教育に求められております。

この社会が学校教育に寄せる期待の大きさを受け止める必要があります。学力問題やモラルの問題をはじめ，山積する課題として，いじめ，暴力行為，問題行動，不登校，進路変更，中途退学，モラトリアム現象，ニート，規範意識の低下等さまざまがあります。また，家庭の教育力の低下や地域・社会の教育力，青少年による凶悪事件，生命の軽視，虐待などさまざま社会的な課題もあり，その解決に向けて，保護者や地域住民の学校に寄せる思いは切実であります。

政府は臨時教育審議会，教育改革国民会議，教育再生会議，教育再生懇談会などを通じ，わが国の教育改革を進めてまいりました。平成20年1月教育再生会議は徳育の教科化を提言しております。中央教育審議会は道徳の教科化は見送りましたが，道徳教育の一層の充実を求めております。

これらの社会の状況をとらえ，学校は学力の向上，豊かな心の育成，健やかな身体の育成を推進する生きる力の育成をより図る必要があります。そして，学習指導や道徳教育，生徒指導のさらなる充実をもって現実に育つ子どもの姿や行動として，これらの期待に応えるべきであります。そのためには，学校の教育力，教師の授業力，指導力の向上が必須となります。学校教育の質の高さが児童・生徒一人ひとりの未来と社会の発展に深く結びつきます。それはやがて，国家の繁栄や世界の平和の実現にもつながります。とりわけ，道徳教育，モラルの創造は焦眉の急といわねばなりません。

注

⑴『新・教育原理〔改訂版〕』柴田義松編，有斐閣双書，2005年，pp. 23-24
⑵『新・教育原理〔改訂版〕』柴田義松編，有斐閣双書，2005年，p. 24
⑶『小学校　学習指導要領　平成20年』文部科学省，2008年，pp. 13-17

参考文献

・『ポイント教育学　教育史』柴田義松・上沼八郎編著，学文社，1997年
・『教育学〔改訂版〕』中野光・平原春好著，有斐閣，2004年
・『教育再生会議最終報告　社会総がかりで教育再生を』内閣府，平成20年
・『教育原理』川本亨二著，日本文化科学社，1999年

第3章
道徳教育の目標
―何をめざして道徳教育を行うのか―

道徳教育の目標を考えるにあたっては，まず，道徳教育は学校の教育活動全体を通じて行うものであるから，学校教育の向かうべき方向として，教育基本法の教育の目標，教育の目的，義務教育および学校教育法の義務教育について深く認識する必要があります。

1 教育基本法における教育の目的・教育の目標および義務教育

教育基本法における教育の目的は，次のように規定されております。

> 教育は，人格の完成を目指し，平和で民主的な国家及び社会の形成者として必要な資質を備えた心身ともに健康な国民の育成を期して行わなければならない。(第1条)

そして，教育の目標は，次のように規定されております。

> 教育は，その目的を実現するため，学問の自由を尊重しつつ，次に掲げる目標を達成するよう行われるものとする。(第2条)
>
> 1　幅広い知識と教養を身に付け，真理を求める態度を養い，豊かな情操と道徳心を培うとともに，健やかな身体を養うこと。
>
> 2　個人の価値を尊重して，その能力を伸ばし，創造性を培い，自主及び自律の精神を養うとともに，職業及び生活との関連を重視し，勤労を重んずる態度を養うこと。
>
> 3　正義と責任，男女の平等，自他の敬愛と協力を重んずるとともに，

公共の精神に基づき，主体的に社会の形成に参画し，その発展に寄与する態度を養うこと。

4　生命を尊び，自然を大切にし，環境の保全に寄与する態度を養うこと。

5　伝統と文化を尊重し，それらをはぐくんできた我が国と郷土を愛するとともに，他国を尊重し，国際社会の平和と発展に寄与する態度を養うこと。

つぎに，義務教育に関しては，第5条2項で次のように規定されています。

義務教育として行われる普通教育は，各個人の有する能力を伸ばしつつ社会において自立的に生きる基礎を培い，また，国家及び社会の形成者として必要とされる基本的な資質を養うことを目的として行われるものとする。

2　学校教育法における義務教育

教育基本法を受けて，学校教育法における義務教育については，第2章に次のように規定されています。

義務教育として行われる普通教育は，教育基本法第5条2項に規定する目的を実現するため，次に掲げる目標を達成するよう行われるものとする。

1　学校内外における社会的活動を促進し，自主，自律及び協同の精神，規範意識，公正な判断力並びに公共の精神に基づき主体的に社会の形成に参画し，その発展に寄与する態度を養うこと。

2　学校内外における自然体験活動を促進し，生命及び自然を尊重する精神並びに環境の保全に寄与する態度を養うこと。

3　我が国と郷土の現状と歴史について，正しい理解に導き，伝統と文化を尊重し，それらをはぐくんできた我が国と郷土を愛する態度を養うとともに，進んで外国の文化の理解を通じて，他国を尊重し，国際社会の平和と発展に寄与する態度を養うこと。

4　家族と家庭の役割，生活に必要な衣，食，住，情報，産業その他の事項について基礎的な理解と技能を養うこと。

5　読書に親しませ，生活に必要な国語を正しく理解し，使用する基礎的な能力を養うこと。

6　生活に必要な数量的な関係を正しく理解し，処理する基礎的な能力を養うこと。

7　生活にかかわる自然現象について，観察及び実験を通じて，科学的に理解し，処理する基礎的な能力を養うこと。

8　健康，安全で幸福な生活のために必要な習慣を養うとともに，運動を通じて体力を養い，心身の調和的発達を図ること。

9　生活を明るく豊かにする音楽，美術，文芸その他の芸術について基礎的な理解と技能を養うこと。

10　職業についての基礎的な知識と技能，勤労を重んじる態度及び個性に応じた将来の進路を選択する能力を養うこと。

道徳教育の目標を考えるにあたっては，以上のことを深く認識する必要があります。

3　小・中学校学習指導要領における道徳教育の目標

つぎに，道徳教育の目標を考えるにあたっては，まず，上記の規定を受けて，公立学校として法令を遵守することが基本であります。民主主義社会の根本にある憲法，その第26条の教育を受ける権利をはじめ教育基本法や学校教育法等の法令を遵守することが重要であります。そして，各学校で編成する教育課程はその基準である小・中学校学習指導要領に基づかねばなりません。小・中学校学習指導要領は法的な拘束力をもち，子どもたちの未来を築く学校教育において，国民と学校との信頼関係の立場から公教育が守らなければならない法令・規則です。これをないがしろにしてはいけません。

小学校の学習指導要領平成20年3月の道徳に関する記述は，第1章　総則の2において，次のように示されています。

> 学校における道徳教育は，道徳の時間を要として学校の教育活動全体を通じて行うものであり，道徳の時間はもとより各教科，外国語活動，総合的な学習の時間及び特別活動のそれぞれの特質に応じて，児童の発達の段階を考慮して，適切な指導を行わなければならない。
>
> 道徳教育は，教育基本法及び学校教育法に定められた教育の根本精神に基づき，人間尊重の精神と生命に対する畏敬の念を家庭，学校，その他社会における具体的な生活の中に生かし，豊かな心をもち，伝統と文化を尊重し，それらをはぐくんできた我が国と郷土を愛し，個性豊かな文化の創造を図るとともに，公共の精神を尊び，民主的な社会及び国家の発展に努め，他国を尊重し，国際社会の平和と発展や環境の保全に貢献し未来を拓く主体性のある日本人を育成するため，その基盤としての道徳性を養うことを目標とする。
>
> 道徳教育を進めるに当たっては，教師と児童および児童相互の人間関係を深めるとともに，児童が自己の生き方について考えを深め，家庭や地域社会との連携を図りながら，集団宿泊活動やボランティア活動，自然体験活動などの豊かな体験を通して児童の内面に根ざした道徳性の育成が図られるよう配慮しなければならない。その際，特に児童が基本的な生活習慣，社会生活上のきまりを身に付け，善悪を判断し，人間としてしてはならないことをしないようにすることなどに配慮しなければならない[(1)]。

ここで，「道徳教育は学校教育全体を通じて行う」と明確に述べています。今日，一部に道徳教育は道徳の時間のみで行うとの誤解が生じておりますが道徳教育はモラルの形成であり，人の生き方の問題ですから，道徳の時間だけに限った問題ではありません。ここで，はっきりと学校教育全体ということを認識する必要があります。

つぎに，「道徳の時間，各教科，外国語活動，総合的な学習の時間及び特別活動で，それぞれの特質に応じて，適切に指導する」とされております。そこで，それぞれの特質ということを考えてみます。それぞれとは，道徳の時間，各教科，外国語活動，総合的な学習の時間および特別活動であります。その特質とは，道徳の時間の目標として道徳的実践力が示されております。そして，指導すべき内容が示されているわけです。このことから，それぞれの特質とは，それぞれの教科等の学習指導要領の目標をしっかりと把握し，内容を理解することとなります。たとえば，国語の目標や内容を理解し，国語の時間で，言語を大切にする心，相手に自分の考えを伝える，また，相手の考えを受け取るコミュニケーション力，国語を尊重する心，そして，それを具体的に指導する学習活動として把握することなどが特質となります。この特質に応じた適切な指導とは，国語では言葉遣いを正しくする，言葉を丁寧に使うとか，わが国の文化や伝統を大切にするとか，言語を愛するとかの指導を行うこととなります。このように道徳の時間をはじめ，各教科，外国語活動，総合的な学習の時間および特別活動における道徳教育を実践します。これが，学校教育全体で行う道徳教育となります。

つぎに，教育基本法，学校教育法に定められた根本精神とはなんでしょうか。それは，日本国憲法に示されている民主的で文化的な国家を建設し世界の平和と人類の福祉に貢献する国民の育成をめざすことであります。この考えが，教育学基本法，学校教育法を貫く考えとなっております。このことを教育基本法，学校教育法に定められた根本精神といっているわけです。その内容は，「人間尊重の精神と生命に対する畏敬の念」「豊かな心」「伝統と文化を尊重し，我が国と郷土を愛し，個性豊かな文化の創造」「公共の精神を尊び，民主的な社会及び国家の発展」「他国を尊重し，国際社会の平和と発展や環境の保全に貢献」「未来を拓く主体性のある日本人の育成」「その基盤としての道徳性を養う」であります。

平成 20 年 3 月改訂の小学校学習指導要領では，教育基本法の改正により，伝統と文化を尊重し，それらをはぐくんできたわが国と郷土を愛し，公共の精神，平和的な国際社会に貢献が加えられました[2]。

また，第３章 道徳　第１目標で，次のように示されております。

　道徳教育の目標は，第１章総則の第１の２に示すところにより，学校の教育活動全体を通じて，道徳的な心情，判断力，実践意欲と態度などの道徳性を養うこととする。

　道徳の時間においては，以上の道徳教育の目標に基づき，各教科，外国語活動，総合的な学習の時間及び特別活動における道徳教育と密接な関連を図りながら，計画的，発展的な指導によってこれを補充，深化，統合し，道徳的な価値の自覚及び自己の生き方についての考えを深め，道徳的実践力を育成するものとする[3]。

平成20年３月改訂の小学校学習指導要領では，外国語活動，自己の生き方についての考えを深めが加わりました[4]。

ここでは，まず，道徳教育の目標である道徳性について考えてみます。小学校学習指導要領の解説　道徳編では，「道徳性とは，人間としての本来的な在り方やよりよい生き方を目指してなされる道徳的行為を可能にする人格的特性であり，人格の基盤をなすものである。それはまた，人間らしいよさであり，道徳的価値が一人一人の内面において統合されたものといえる」といっております。

また，「道徳性は，生まれたときから身に付いているものではない。人間は道徳性の萌芽をもって生まれてくる。人間社会における様々な体験を通して学び，開花させ，固有なものを形成していくのである」ともいっております。

そして，道徳性を構成する諸様相として，道徳的な心情，道徳的な判断力，道徳的な実践意欲と態度などをあげています。道徳的心情とは善を行うことを喜び，悪を憎む感情。道徳的な判断力とは，善悪を判断する力。道徳的実践意欲と態度とは，価値ある行動をとろうとする傾向性といっております。そして，「心情，判断力，意欲及び態度など」と「など」を加えております。この「など」には道徳的習慣，つまり躾によって身につける道徳的な習慣も考えられるわけです(5)。

つぎに，道徳の時間の目標について「各教科，外国語活動，総合的な学習の時間及び特別活動と密接な関連を図りながら」とあります。ここでいうところの密接な関連とは，各学校の道徳教育の全体計画や各学年の年間指導計画で，関連を図り，道徳の時間の実際の指導で事前指導や事後指導など関連ある指導を行うことを意味しております。たとえば，特別活動の遠足・集団宿泊的行事を行う際に，規則正しい生活をするとか，社会ルールを守るとかを特別活動の指導で行うとともに道徳の時間の指導でも行うことをいいます。

つぎに重要な内容として計画的，発展的指導があります。児童は生徒へ，生徒は学生へ，学生は社会人へと成長していきます。子どもはやがて大人になります。学校教育ですから，学校の教育目標が重要です。どんな人間に育てるのか。それを考えれば，場当たり的な指導では不十分となります。計画的な指導が大切となります。また，道徳教育は小学校段階，中学校段階，高等学校段階，大学段階，そして，学校段階のみで終了するわけではありません。その意味において終わりはありません。生涯学習の考え方を取り入れます。児童・生徒は一生のなかのある段階にいるわけですから，その時点で最もすばらしくても，その後の発展がなければ停滞してしまいます。ですから，計画的，発展的な指導が大切となります。

教育はある時点での達成や到達も重要でありますが，究極は態度育成です。幸せな生涯を考えるとき，教育基本法も「人格の完成を目指し」と，「目指す態度」を示しています。人格の完成にいたるとはいっておりません。人格の完成をめざすとは畢竟，態度形成となります。

つぎに，補充，深化，統合とはなんでしょう。道徳の時間の目標には，「……これを補充，深化，統合し」とあります。「これ」とは，各教科，外国語活動，総合的な学習の時間，特別活動における道徳教育です。ですから，道徳教育は学校教育全体をとおして行うという，あの最初の規定が重要な意味をもってくるわけです。各教科，外国語活動，総合的な学習の時間，特別活動における道徳教育を補充（補い），深化（より深める），統合（インテグレートする，より集める）ことです。それぞれの場で行った道徳教育を補い，深め，より集め児童の内面で一つのものにすることです。一つのものにする主体は児童・生徒自身です。教師はその援助にあたります。

つぎに，道徳的な価値の自覚を深めということです。道徳的価値，たとえば人の世において友情は大切である。人生のなかで友情に価値をおくわけです。物・金銭だけに価値をおくのではありません。その人自身が友情に価値があることを自覚することです。この自覚を深めます。ですから，A 段階から B 段階へ，あるいは B 段階から C 段階へと深めるわけです。

つぎに，「道徳的価値及びそれに基づいた人間としての生き方の自覚を深め」とあります。道徳的価値およびそれに基づいた人間の生き方の自覚とは，どういうことでしょう。とかく，道徳を規範やルールととらえがちですが本来，道徳は自由と自律に基づくものです。自己の人生の主体者である各個人が自分の人生をどのように生きるのかを基本に，これまでのさまざまな人々の人間としての生き方を知り，自分はどのように人生に立ち向かうのか，その自分の考えを立て，深めることを意味しております。立志という言葉があるように，人生へ志を立てることです。自分の人生や社会に対する精神的な態度の形成です。そして，創造的に生きることです(6)。

つぎに，道徳的な実践力を育成するとはどういうことでしょう。よく道徳的実践力とは何か，と聞かれます。道徳的実践力とは，道徳的行為を実践する力ととらえられます。学習指導要領解説　道徳編では，「道徳的実践力とは，人間としてよりよく生きていく力であり，一人一人の児童が道徳的価値の自覚及び自己の生き方についての考えを深め，将来出合うであろう様々な場面，状況においても，道徳的価値を実現するための適切な行為を主体的に選択し，実践することができるような内面的資質を意味している」と示されております(7)。

ですから，道徳教育では人格の基盤の道徳性を養い，道徳の時間では道徳的行為を可能にする道徳的実践力を育成します。これが道徳教育と道徳の時間の目標です。

4 道徳教育の目標とする道徳性の発達

つぎに，道徳教育の目標とする道徳性について，指導に当たる教師はその発達を理解する必要があります。ここでは，それぞれの道徳性発達理論を考えます。

(1) ジャン・ピアジェの道徳性発達理論

ジャン・ピアジェはスイスの児童心理学者であります。彼は『道徳的判断の発達』を著しております。ピアジェはそれまでの認識論を，発達的にとらえ子どもにまで拡大しました。つまり，発達に伴って変化する認識構造を探求の対象として発生的認識論を提唱しました。そして，さまざまな臨床的研究を行いました。そのなかの一つが児童の道徳性発達の研究であります。

規則の実践や規則の意識から段階的な発達が想定されることを明らかにしました。この規則の意識や規則の実践の研究から，道徳には「大人から与えられる拘束力を持つ拘束の道徳と自分たちで修正可能な協同の道徳の二種類が想定される」と言っております。このことから，他律の道徳から自律の道徳が想定されるわけです[8]。

(2) ローレンス・コールバークの道徳性発達理論

L. コールバークは，二つの選択肢のどちらかを選んでよいかがわからないような道徳的ジレンマを提示し，人々がどのように反応するか世界各国で調査しました。その結果，普遍的な三水準六段階を見いだしました。

一つ目の水準が「慣習以前の水準」であり，二つ目の水準が「慣習的水準」であり，三つ目の水準が「慣習以後の水準」であります。そして，慣習以前の水準が第一・第二段階，慣習的水準が第三・第四段階，慣習以後の水準が第五・第六段階の水準であります。

第一段階は罰と服従の志向の段階であります。第二段階は道具主義的相対主義志向の段階であります。第三段階は良い子志向の段階であります。第四段階は法と秩序の志向の段階であります。第五段階は社会契約的法律志向の段階であります。第六段階が普遍的倫理的原理の志向段階であります。

この理論の特徴として，① 時代，地域や文化，民族などを超えあてはまると考えられました。② 一段階から六段階へと順に発達すると考えられました。

この理論は認知発達論とも呼ばれ，認知的レベル－感情的レベル-意思的レベルのうち認識的レベルに焦点が当てられております(9)。

(3) キャロル・キリガンのケアリング論

L. コールバークの理論に対して，女性心理学者キャロル・キリガンは，これは男性の正義の理論であって，女性はそれとは異なる「責任とケアの倫理」にしたがって行動するといっております。ケアしケアされるケアリングの関係の理想モデルとして母子関係が想定されます。これは自然なケアリングで，見知らぬ他者に対してもケアする必要があると考えます。これを倫理的なケアリングといいます。自然なケアリングを倫理的なケアリングに結びつけるのが道徳教育の役割と考えています(10)。

(4) ノーマン･ブルの道徳性発達理論

ノーマン･ブルはイギリスの宗教教育学者であります。彼は社会律という段階を加えて，発達段階をとらえております。① 道徳以前，② 他律，③ 社会律，④ 自律と発達していくと考えました。また，ブルは，他律はどの段階でも残っていると考えました。人間が共同体のなかで生きていくには，必ずしも自律や自己決定だけで生きられるものではありません。社会に生きる人間の生存にとって，他律は低い段階とだけとらえるべきではないといっています(11)。

(5)　エリック・ホーンブルガー・エリクソンの発達課題

エリック・H・エリクソンは，1902年ドイツのフランクフルトに生まれた発達心理学者であります。人間が健全で幸福な発達を遂げるために達成すべき課題を八つの段階で健全-危機として示しております。

[第1段階　乳児期]
信頼―不信

[第2段階　幼児前期]
自律性―恥・疑惑

[第3段階　幼児後期]
積極性―罪悪感

[第4段階　児童期]
勤勉性―劣等感

[第5段階　青年期]
同一性―同一性拡散

[第6段階　初期成年期]
親密感―孤独感

[第7段階　成年期]
生殖性―自己吸収

[第8段階　成熟期]
自我統合感―嫌悪・絶望

青年期において達成すべき課題として同一性（アイデンティティ）が提唱されております。各発達課題は健全を助長し，危機を減らし，それぞれの段階で学習されなくてはならないが，その後も存在しつづける課題もあります。

発達課題は，自己と社会に対する健全な適応について達成すべき必須な学習として提唱されております[12]。

(6)　O・F・ボルノーの素朴な道徳と高遠な道徳

つぎに，O・F・ボルノー（O. F. Bollnow）の素朴な道徳と高遠な道徳を念頭において道徳教育の目標を考えてみます。

ボルノーは1903年北ドイツ，ボンメルン地方の小都市シュテチンに小学校教師を父に生まれた。はじめ，ベルリン，グライフスワルト，ゲッチンゲンの大学で数学と物理学を専攻し，ボルン教授のもとで学位を得ました。オーデンワルトシューレ，パウル・ゲヘープの教師の体験を契機に哲学・教育学の研究に転じ，ゲッチンゲン大学でハイデッカーの講義を聞き深く影響されました。教授資格を得て，講師となり，続いてギーセン大学教授となりました。敗戦後マインツ大学教授を経て，チュービンゲン大学教授となりました。ボルノーの道徳思想を理解するうえで「素朴な道徳」(道徳の人間学的エッセイ　岡本英明訳),「徳の本質と変遷」,「人間の節度と不遜」の3つが重要であります。

素朴な道徳は，ボルノーの全25編の『哲学的小論集』の第一部の7編が素朴な道徳に直接関連します。その成立の事情について,「すべての伝統的な理想を疑わしいものにした総体的崩壊のあとで，どうすれば再び健全な道徳生活を生じさせることができるかという問題」に当面するなかで，頼ることのできる最後の残余として素朴な道徳に思いを致し，それとかかわりました。この思想は当時，つまり第二次世界大戦直後のドイツの危機的な状況を背景として，初めて正しく理解されると語っております。

第二次世界大戦終了直後のドイツの道徳的状況は，価値観の混乱，価値の相対化，そして危機意識の低下でありました。

ボルノーは，安定した道徳の崩壊と同時に，道徳的態度一般が喪失の危機にあるのであって，こうした危機的な徴候は今日いたるところで見られる。最も単純素朴な自明的な道徳概念すらぐらついているのであり，こうした危機を喰い止めることができるかが問題なのであると，述べております。

単純素朴な日常生活の次元における道徳現象に眼を向け，主としてそれにかかわる言語の解釈的分析によって，それが私たちの道徳生活においてもつ意義を再認識することを企図しております。ボルノーのいう素朴の道徳とは，次に示すとおりです。

① 各人がかかわる特定の活動範囲内での責任を当然のこととして忠実に果たすこと。

② 人とのつきあいにおいて誠実かつ率直であること，すべての仕事において手堅く徹底的であること，生活のあらゆる場面で正直であること。

③ 素朴な人の善さ，他人やすべての生きものの苦しみに同情できること，困っている人を喜んで助ける気持ちをもっていること。

④ 他人の活動範囲を尊重すること，共同生活や共同作業において仲間意識

をもつこと，およびこれに類する種々の徳性。

⑤ 振る舞い全体がまともであること，世間の評判に気を配ること，要するに下品な行いをせず評判のいい人間であること。

そして，ボルノーはこのような素朴な道徳と対照させる高遠な道徳を原始キリスト教における禁欲の理想，中世における騎士の理想，理性による生の支配という啓蒙的市民的理想，内在的諸能力の全面的発達をめざすドイツ古典主義の理想をあげております。

このような高遠な道徳の変化のなかにあって，ゆるやかにしか変化せず，長期にわたって同一性を保ち続けるもう一つの道徳の層がある。それが素朴な道徳であると次のように述べております。

素朴な道徳はそれ自体完結的に存在して，一方的に高遠な道徳を根底において支えるというものではない。素朴な道徳もまた反対に高遠な道徳によって絶えず「更新」されなければならない。両者の間に相互依存の関係が存在する。

ボルノーの道徳について特徴として，層構造の発見であり，両者を緊張関係としてとらえている点であります。

戦後を同じく共有するわが国において参考にすべき見解であると思われます。ボルノーのこの思想からわが国の道徳教育の目標を考察するのも意味のあることとなります[13]。

(7) 『小学校学習指導要領解説 道徳編』の道徳性の発達

① 道徳性のとらえ方　小学校学習指導要領解説 道徳編では，道徳性を「人間としての本来的な在り方やよりよい生き方を目指してなされる道徳的行為を可能にする人格特性であり，人格の基盤をなすものである。それはまた，人間らしいよさであり，道徳的諸価値が一人一人の内面において統合されたものと言える。」と述べています。そして，「道徳性は，人間が人間として共によりよく生きていく上で最も大切にしなければならないものである。」としてい

ます。また，「道徳性は，生まれたときから身に付けているものではない。人間は，道徳性の萌芽をもって生まれてくる。人間社会における様々な体験を通して学び，開花させ，固有なものを形成していくのである。」そして，「道徳性を構成する諸様相として，道徳的心情，道徳的判断力，道徳的実践意欲と態度」をあげています[14]。

② 道徳性の発達　道徳性の発達では，「人間らしさを表す道徳的価値にかかわって道徳的な心情や判断力，実践意欲と態度などをはぐくみ，それらが一人ひとりの内面に自己の生き方の指針として統合されていくような働き掛けを必要とする。」と述べております。そして，道徳性の発達にはさまざまな要素がかかわり合っているが，次の点に留意する必要があると三点あげております[15]。

1　よりよく生きる力を引き出す

2　かかわりを豊かにする

3　道徳的価値の自覚を深める

③ 小学校段階の発達の傾向　小学校段階を，低学年，中学年，高学年としてとらえ，それぞれの発達段階における育成と留意点を述べております。

ｉ）低学年　低学年では，自分でしなければならないことができるようになる。他人の立場を認めたり，理解したりする能力も徐々に発達してくる。善悪の判断や具体的な行為については，教師や保護者の影響を受ける部分が大きいものの，行ってよいことと悪いことについて理解できるようになる。知的能力の発達や学校などにおける生活経験によって次第に自主性が増し，さまざまなかかわりを広げていく[16]。

ⅱ）中学年　中学年では，身体が丈夫になるにつれ，運動能力や知的な能力も大きく発達する。自分の行為の善悪については，ある程度反省しながら把握できるようになる。集団とのかかわりにおいては，徐々に集団の規則や遊びのきまりの意義を理解して集団目標の達成に主体的にかかわったり，共同作業を行ったり，自分たちできまりをつくり守ろうとしたりすることもできるようになるなど，自主性が増してくる[17]。

iii） 高学年　　高学年では，知的な能力においては，抽象的，理論的に思考する力が増し，行為の結果とともに行為の動機をも十分に考慮できるようになる。また，理想主義的傾向が強く，自分の価値観に固執しがちである。自律的な態度が発達し，自分の行為を自分の判断で決定しようとするのに伴い，責任感が強くなり，批判力もついてくる。異性に対しては，対立的にではなく，積極的な興味を抱くようになる[18]。

④ 中学校段階の発達傾向　　中学校の時期における道徳性の発達は，大きな可能性を秘めており，その後の発達の基礎となる。そこで，次のような中学生の心身の発達上の特質を理解して，生徒一人ひとりの実態をふまえ，生徒と教師がともに考え，ともに探求しいいくことが大切となる。

ア 自己の探求，理想の探求と自律の尊重

イ 人間関係の広がりと親密化

ウ 社会の一員としての自覚の芽生え

エ 自然や人間の力を超えたものへの謙虚な態度の涵養

中学生の心の内には，人間の生き方への関心が大きくなり，自分の人生をよりよく生きたいという内からの願いが強くなってくる[19]。

5 良心ということ

道徳とか，道徳性とか，道徳的実践力とか，道徳的心情とか，道徳的判断力とか，道徳的態度とかいわれても抽象度の高い用語でなかなか明快に意味がとらえられません。自分自身が納得するとらえ方が必要です。

そこで，ここでは筆者の考える道徳のとらえ方を述べます。「良心」ということです。

たとえば，万引きをした子を問い詰めると，誘われたからとか，盗れと言われたからとか，必ず他人のせいにします。だから，自分は悪くはないという主張です。しかし，誘われたら断ればいい，盗れと言われても，盗らなければいいわけです。子どもは行為の主体者としての自己が確立することがいまだ十分にできておりません。そこで，盗ってしまいます。あなたが万引きしたことをお母さんはどう思うか，と聞くと，悲しい顔になります。どうしてでしょう。そこに，この子の良心があるからです。他方，悪いのは他人だと主張する子もおります。最後まで，言い張ります。居直る場合もあります。そこに微塵も良心を感じることはできません。子どもの心の内にこの良心を培うことが人生を幸せに生きるためにぜひとも必要となります。ですから，道徳的という言葉が出てきたら，良心として解釈できます。道徳的実践力とは良心に基づき行為する力ということです。

つぎに，法的な拘束つまり学習指導要領だけで道徳教育を考えるのかという疑問が残ります。学校教育ですから，学習指導要領は判例から法的な根拠があります。その学習指導要領は日本語で示されています。法的拘束力があります。民主主義による法治社会ですからこれを尊重するのは当然の務めです。しかし，現実に子どもたちを教育するのは生身の教師です。そこで，現実に人間が生きている現代社会の立場からの考察が必要であります。これを，教師の良心という面から考えます。

子どもの前に立つ教師は，学習指導要領を熟知し尊重する必要があります。しかし，それだけで十分なのでしょうか。生身の人間としての教師は血も肉もあります。教師に，子どもを立派に育てようとする教育的良心が必要とは思いませんか。教育愛といってもよいと考えます。もちろん，学習指導要領を十分にふまえたうえで，その先生自身の良心に基づく道徳教育が，子どもたちの心に響くのではないでしょうか。教師は学習指導要領を教えるだけのティーチングマシーンではありません。教師は人間としての良心をもっています。教育愛をもっています。

つまり，道徳とは，個人の人生や社会に対する精神的な態度ですから，その態度の根本に良心が必要です。教育愛が必要です。もちろん，子ども，教師の両方に求められます。学習指導要領を熟知し，子どもの幸せを願う良心をもった教師が子どもの良心に訴える，それが道徳教育であります。良心の交流，教育愛に基づく教育実践です。

6 清く正しく美しく

「清く正しく美しく」は宝塚音楽学校の校訓です。新聞記事や出版書籍のタイトル名，保護者との話し合いなどの場面で私たち日本人はこの考え方が好きであることを実感します。私たち日本人は心の奥に，清くありたい，正しくありたい，美しくありたいという強い願望が存在しているようです。清く正しく美しく，わが人生がそうありたいと願っているようです。清貧や品格はこれにつながる思想です。谷崎潤一郎は『文章読本』のなかで品格を述べております。

また，今日「国家の品格」や「女性の品格」「親の品格」「教育の品格」「清貧の思想」など，品格があるとか，上品であることかが多く取り上げられております[20]。

注

⑴『小学校学習指導要領　平成20年』文部科学省，2008年，p. 13

⑵『小学校学習指導要領解説　道徳編　平成20年』文部科学省，2008年，pp. 1-14

⑶『小学校学習指導要領　平成20年』文部科学省，2008年，p. 102

⑷ 同上

⑸ 注⑵前掲書，pp. 27-28

⑹ 同上，pp. 29-31

⑺ 同上，pp. 30-31

⑻『児童道徳判断の発達』ピアジェ著・大伴茂訳，同文書院，1997年

⑼『道徳教育論』新井郁男・犬塚文雄・林泰成著，放送大学教育振興会，2005年，pp. 51-53

⑽ 同上，pp. 53-54

⑾『子どもの発達段階と道徳教育』 ノーマン・ブル著・森岡卓也訳，明治図書，1997年
⑿『幼児期と社会1・2』H. L. エリクソン著・仁科弥生訳，みすず書房，1978年，1980年
⒀『道徳と教育』 上田薫・平野智美編，講談社，1981年，pp. 168-186
⒁ 注⑵前掲書，pp. 16-17
⒂ 同上，pp. 17-18
⒃ 同上，pp. 18-19
⒄ 同上，pp. 19-20
⒅ 同上，p. 20
⒆『中学校学習指導要領解説　道徳編　平成20年』 文部科学省，2008年，pp. 16-21
⒇ 宝塚音楽学校校訓　ホームページより

参考文献

・『改訂道徳教育とその指導法』 吉田武男編著，NSK出版，2005年
・『道徳教育　―理論と実際』 柴田義松編著，学文社，1992年
・『改訂新版　未来をひらく道徳教育の研究』 中野重人・押谷由夫編著，保育出版社，2002年
・『道徳の人間学的エッセイ』 O. F. ボルノー著，岡本英明訳，玉川大学出版部，1978年
・『教育を支えるもの』 O. F. ボルノー著，森昭・岡田渥美訳，黎明書房，1995年
・『道徳教育その歴史・現状・課題』 藤田昌士著，エイデル研究所，1985年
・『国家の品格』 藤原正彦著，新潮社，2005年
・『女性の品格』 坂東眞理子著，PHP研究所，2006年
・『親の品格』 坂東眞理子著，PHP研究所，2008年
・『清貧の思想』 中野孝次著，草思社，1993年
・『文章読本』谷崎潤一郎著，中央公論社，1996年

第4章 道徳教育の内容
—何を教え何を考えさせるのか—

1 内容のとらえ方

わが国の公立学校における道徳の内容は，小・中学校学習指導要領に示されております。

その解説書によれば内容は，「教師と児童・生徒とが人間としてのよりよい生き方を求め，共に考え，共に語り合い，その実行に努めるための共通の課題である。学校教育全体の中で，様々な場や機会をとらえ，多様な方法によって進められる学習を通して，児童・生徒自らが調和的な道徳性をはぐくむものである」とあります。

ここにあげられている内容項目は，小学校の6年間，中学校3年間に児童・生徒が自覚を深め自分のものとして身につけ発展させていく必要がある道徳的価値を含む内容を短い文章で平易に表現したものであります。それらの内容項目は，児童・生徒自らが道徳性を発展させていくための窓口というべきものです[(1)]。

要約すると，① 児童と教師が人間としてのよりよい生き方を求める，② 学校生活の様々な機会で道徳性をはぐくむ，③ 道徳教育の要としての道徳の時間での指導，④ 児童・生徒自らが道徳性をはぐくむ，⑤ 小・中学校の一貫性，ということになります。

2　内容構成の考え方

⑴ 四つの視点

つぎに，内容構成の四つの視点についてみてみることにします。

① 主として自分自身に関すること　自己のあり方を自分自身とのかかわりにおいてとらえ，望ましい自己の形成を図ることに関した内容，となっております。

② 主として他の人とのかかわりに関すること　自己を他の人とのかかわりの中でとらえ，望ましい人間関係の育成を図ることに関する内容，となっております。

③ 主として自然や崇高なものとのかかわりに関すること　自己を自然や美しいもの，崇高なものとのかかわりにおいてとらえ，人間としての自覚を深めることに関した内容，となっております。

④ 主として集団や社会とのかかわりに関すること　自己を様々な社会集団や郷土，国家，国際社会とのかかわりの中でとらえ，国際社会に生きる日本人としての自覚に立ち，平和的で文化的な社会および国家の成員として必要な道徳性の育成を図ることに関する内容，であります。

この四つの視点はそれぞれが相互に深い関係をもっております。①の視点の内容が基盤となって，ほかの三つの視点にかかわる。そして，また，再び①の視点に戻る。②の視点の内容が基盤となって，④の視点の内容に発展する。①の視点や②の視点から自己のあり方を深く自覚すると③の視点がより重要となるわけです。③の視点から④の視点の内容をとらえるとその理解がより深められる等々であります[(2)]。

この四つの視点は児童・生徒が身につけるべき内容として，明快でわかりやすいものであります。

ただ，③の視点がこの位置にあるのが妥当なのか，考えさせられます。それは，人間は自然のなかに生きております。あるいは，人間社会は自然に囲まれております。とすると，①に自然がくるか，④に自然がくるのかが，妥当な考えと受け取られます。

教育実践を突き詰めていくと，命の尊さに直面します。まず，はじめに自分のこと，ほかの人とのこと，集団や社会のこととつながります。そして，そのつぎにそれを取り巻く自然や命に向き合わずにはいられません。生命の不可思議さ，そして，個体が滅びて種が保存される生命体，悠久と続いてきた大自然の営み，今日，生命尊重や地球環境の温暖化の問題に直面する現状を考えると，自然のなかに人間が生きる現実から，最後の4番目に③の内容が来るのが妥当と考えられます。

自分のことについて学び，ほかの人とのかかわりを考え，自然や崇高なものを尊び，集団や社会とかかわる。この4つはよく整理されたわかりやすい内容構成となっております。

つぎに，それを児童の発達段階が学年として示してあります。それも，1学年ごとではなく低学年，中学年，高学年の2学年をまとめて1段階としてあります。道徳性の側面から児童の成長や発達を考えると，すこぶる適切と考えられます。

⑵ 発達持性に応じた内容

小学校の低・中・高学年，中学校では異なる発達持性がみられるます。

① **第1学年及び第2学年**　小学校というまったく新しい社会での生活を始めることとなり，学校生活に適応していくとともに，人としてしてはいけないことや善悪について自覚でき，基本的な生活習慣や社会生活上のルールなどが身につくよう家庭との連携を深め，人間としてのあり方の自覚に結びつく基本的な道徳的価値を指導する必要があります[(3)]。

② **第3学年および第4学年**　児童期のなかで，最も活発になり，学校生活に慣れ，行動範囲が広がります。社会的視野が広がり，内省する心も育って

きます。感性や情操も発達し，自主性や協力しあう態度を尊重します[(4)]。

③　第 5 学年および第 6 学年　　知識欲も旺盛で，集団における自己の役割の自覚もかなり進みます。自己や社会の未来への夢や目標を抱き，理想を求めて主体的に生きていく力の育成が期待されます[(5)]。

④　中学校　　中学校の時期は，心身両面における発達がいちじるしく，他者との連携を求めるとともに，主体的な自我の確立を試み，自己の生き方についての関心が高まる時期であり，やがて，人生観や世界観の確立に向かっていきます[(6)]。

このような小・中学校における発達をふまえ，道徳の内容項目は，小学校第 1 学年および第 2 学年 16 項目，第 3 学年および第 4 学年 18 項目，第 5 学年および第 6 学年 22 項目，中学校 24 項目にまとめられております。

児童・生徒は一日一日，成長発達しております。この成長発達に即する教育こそが適時性のある有効な教育となるわけであります。

小学校 6 年間，中学校 3 年間の発達を視野にいれ，心理的な発達，社会認識の広がり，生活技術の習熟，道徳性的心情の育ち，価値を認識する能力などが考慮され，重点化されて，内容項目は構成されております。

3　内　容

「道徳の内容」の学年段階・学校段階の一覧表は次に示すとおりであります。

この一覧表は，横に小学校 1.2，3.4，5.6 年の学年段階と中学校の学校段階を，縦に 4 つの視点を配置したもので，内容項目がわかりやすくまとめられております。児童・生徒の発達に注目すると，次の 4 点があります。

(1) 小学校から継続的・発展的に扱うもの
(2) 学年が上がるにつれて新たに加えられたもの
(3) 学年が上がるにつれて統合されたもの
(4) 学年が上がるにつれて分化されたもの

「道徳の内容」の学年段階・学校段階の一覧表

小学校第１学年及び第２学年	小学校第３学年及び第４学年
1 主として自分自身に関すること	
(1) 健康や安全に気を付け，物や金銭を大切にし，身の回りを整え，わがままをしないで，規則正しい生活をする。	(1) 自分でできることは自分でやり，よく考えて行動し，節度のある生活をする。
(2) 自分がやらなければならない勉強や仕事は，しっかりと行う。	(2) 自分でやろうと決めたことは，粘り強くやり遂げる。
(3) よいことと悪いことの区別をし，よいと思うことを進んで行う。	(3) 正しいと判断したことは，勇気をもって行う。
(4) うそをついたりごまかしをしたりしないで，素直に伸び伸びと生活する。	(4) 過ちは素直に改め，正直に明るい心で元気よく生活する。
	(5) 自分の特徴に気付き，よい所を伸ばす。
2 主として他の人とのかかわりに関すること	
(1) 気持ちのよいあいさつ，言葉遣い，動作などに心掛けて，明るく接する。	(1) 礼儀の大切さを知り，だれに対しても真心をもって接する。
(2) 幼い人や高齢者など身近にいる人に温かい心で接し，親切にする。	(2) 相手のことを思いやり,進んで親切にする。
(3) 友達と仲よくし，助け合う	(3) 友達と互いに理解し，信頼し，助け合う。
(4) 日ごろ世話になっている人々に感謝する。	(4) 生活を支えている人々や高齢者に，尊敬と感謝の気持ちをもって接する。
3 主として自然や崇高なものとのかかわりに関すること	
(1) 生きることを喜び，生命を大切にする心をもつ。	(1) 生命の尊さを感じ取り，生命あるものを大切にする。
(2) 身近な自然に親しみ，動植物に優しい心で接する。	(2) 自然のすばらしさや不思議さに感動し，自然や動植物を大切にする。
(3) 美しいものに触れ，すがすがしい心をもつ。	(3)美しいものや気高いものに感動する心をもつ。
4 主として集団や社会とのかかわりに関すること	
(1) 約束やきまりを守り，みんなが使う物を大切にする。	(1) 約束や社会のきまりを守り，公徳心をもつ。
(2) 働くことのよさを感じて，みんなのために働く。	(2) 働くことの大切さを知り，進んでみんなのために働く。
(3) 父母，祖父母を敬愛し，進んで家の手伝いなどをして，家族の役に立つ喜びを知る。	(3) 父母，祖父母を敬愛し，家族みんなで協力し合って楽しい家庭をつくる。
(4) 先生を敬愛し，学校の人々に親しんで，学級や学校の生活を楽しくする。	(4) 先生や学校の人々を敬愛し，みんなで協力し合って楽しい学級をつくる。
(5) 郷土の文化や生活に親しみ，愛着をもつ。	(5) 郷土の伝統と文化を大切にし，郷土を愛する心をもつ。
	(6) 我が国の伝統と文化に親しみ,国を愛する心をもつとともに,外国の人々や文化に関心をもつ。

小学校第 5 学年及び第 6 学年	中学校
1　主として自分自身に関すること	
(1) 生活習慣の大切さを知り，自分の生活を見直し，節度を守り節制に心掛ける。	(1) 望ましい生活習慣を身に付け，心身の健康の増進を図り，節度を守り節制に心掛け調和のある生活をする。
(2) より高い目標を立て，希望と勇気をもってくじけないで努力する。	(2) より高い目標を目指し，希望と勇気をもって着実にやり抜く強い意志をもつ。
(3) 自由を大切にし，自律的で責任のある行動をする。	(3) 自律の精神を重んじ，自主的に考え，誠実に実行してその結果に責任をもつ。
(4) 誠実に，明るい心で楽しく生活する。	
(5) 真理を大切にし，進んで新しいものを求め，工夫して生活をよりよくする。	(4) 真理を愛し，真実を求め，理想の実現を目指して自己の人生を切り拓いていく。
(6) 自分の特徴を知って，悪い所を改めよい所を積極的に伸ばす。	(5) 自己を見つめ，自己の向上を図るとともに，個性を伸ばして充実した生き方を追求する。
2　主として他の人とのかかわりに関すること	
(1) 時と場をわきまえて，礼儀正しく真心をもって接する。	(1) 礼儀の意義を理解し，時と場に応じた適切な言動をとる。
(2) だれに対しても思いやりの心をもち，相手の立場に立って親切にする。	(2) 温かい人間愛の精神を深め，他の人々に対し思いやりの心をもつ。
(3) 互いに信頼し，学び合って友情を深め，男女仲よく協力し助け合う。	(3) 友情の尊さを理解して心から信頼できる友達をもち，互いに励まし合い，高め合う。
	(4) 男女は，互いに異性についての正しい理解を深め，相手の人格を尊重する。
(4) 謙虚な心をもち，広い心で自分と異なる意見や立場を大切にする。	(5) それぞれの個性や立場を尊重し，いろいろなものの見方や考え方があることを理解して，寛容の心をもち謙虚に他に学ぶ。
(5) 日々の生活が人々の支え合いや助け合いで成り立っていることに感謝し，それにこたえる。	(6) 多くの人々の善意や支えにより，日々の生活や現在の自分があることに感謝し，それにこたえる。
3　主として自然や崇高なものとのかかわりに関すること	
(1) 生命がかけがえのないものであることを知り，自他の生命を尊重する。	(1) 生命の尊さを理解し，かけがえのない自他の生命を尊重する。
(2) 自然の偉大さを知り，自然環境を大切にする。	(2) 自然を愛護し，美しいものに感動する豊かな心をもち，人間の力を超えたものに対する畏敬の念を深める。
(3) 美しいものに感動する心や人間の力を超えたものに対する畏敬の念をもつ。	
	(3) 人間には弱さや醜さを克服する強さや気高さがあることを信じて，人間として生きることに喜びを見いだすように努める。
4　主として集団や社会とのかかわりに関すること	
(1) 公徳心をもって法やきまりを守り，自他の権利を大切にし進んで義務を果たす。	(1) 法やきまりの意義を理解し，遵守するとともに，自他の権利を重んじ義務を確実に果たして，社会の秩序と規律を高めるように努める。
	(2) 公徳心及び社会連帯の自覚を高め，よりよい社会の実現に努める。
(2) だれに対しても差別をすることや偏見をもつことなく公正，公平にし，正義の実現に努める。	(3) 正義を重んじ，だれに対しても公正，公平にし，差別や偏見のない社会の実現に努める。
(3) 身近な集団に進んで参加し，自分の役割を自覚し，協力して主体的に責任を果たす。	(4) 自己が属する様々な集団の意義についての理解を深め，役割と責任を自覚し集団生活の向上に努める。
(4) 働くことの意義を理解し，社会に奉仕する喜びを知って公共のために役に立つことをする。	(5) 勤労の尊さや意義を理解し，奉仕の精神をもって，公共の福祉と社会の発展に努める。
(5) 父母，祖父母を敬愛し，家族の幸せを求めて，進んで役に立つことをする。	(6) 父母，祖父母に敬愛の念を深め，家族の一員としての自覚をもって充実した家庭生活を築く。
(6) 先生や学校の人々への敬愛を深め，みんなで協力し合いよりよい校風をつくる。	(7) 学級や学校の一員としての自覚をもち，教師や学校の人々に敬愛の念を深め，協力してよりよい校風を樹立する。
(7) 郷土や我が国の伝統と文化を大切にし，先人の努力を知り，郷土や国を愛する心をもつ。	(8) 地域社会の一員としての自覚をもって郷土を愛し，社会に尽くした先人や高齢者に尊敬と感謝の念を深め，郷土の発展に努める。
	(9) 日本人としての自覚をもって国を愛し，国家の発展に努めるとともに，優れた伝統の継承と新しい文化の創造に貢献する。
(8) 外国の人々や文化を大切にする心をもち，日本人としての自覚をもって世界の人々と親善に努める。	(10) 世界の中の日本人としての自覚をもち，国際的視野に立って，世界の平和と人類の幸福に貢献する。

4　内容の取り扱い方

⑴ 学校における重点

道徳教育は学校で，日々実際に行われるわけであります。したがって，その学校がどのような学校教育目標を掲げているのか，その実現のために，道徳教育はどうかかわるのかが問われます。したがって，たとえば「思いやりのある子」が学校教育目標に掲げられ，その具現化が図られるとすれば，2の視点や4の視点がより重点化される必要があります。人とのかかわりを重く取り上げます。学校の学校教育目標や児童・生徒の実態から道徳教育の重点を設定します。

⑵ 内容項目の重点化

学習指導要領に示された低学年16項目，中学年18項目，高学年22項目を，平板に指導しても大きな指導の効果を期待できません。より有効性を増すために，年間35時間を考慮し，発達段階に応じた重点化が必要であります。学校としての内容項目の重点化，学年としての重点が検討される必要があります。

① 学校の重点　道徳教育の全体計画において，教育目標や児童・生徒の実態から，学校としての重点を設定します。たとえば，人間関係やコミュニケーション能力の育成を図るのなら，2の視点の他の人とのかかわりに関することを重点的に取り上げることとなります。

② 学年の重点　発達的に考え，たとえば，低学年においては，あいさつなどの基本的な生活習慣，社会生活上のきまり，善悪を判断し，人間として，してはならないことはしないなどにかかわる内容項目を重点化するということであります。

中学年では，集団や社会のきまりを守る，身近な人々と協力して助けあう態度を身につけるということであります。

高学年では，法やきまりの意義を理解する，相手の立場を理解し支えあう態度を身につける，集団における役割と責任を果たすこと，国家・社会の一員としての自覚をもつということであります。

中学校では，主体的自我の確立や自己の生き方を取り上げるということです。

教育課程の編成として，道徳教育の重点や内容項目の重点的な取り扱いを設定します。

⑶ 発展性

児童は将来社会で，自己の個性を発揮して生きていきます。そのためには，小学校段階における指導を基盤として，中学校では，小学校の指導をさらに発展させ，将来を見据えての指導こそが重要となるわけです。発展的な指導が求められるゆえんです。

⑷ 関連性

また，各視点が関連しているように，各内容項目も関連しております。一つ一つを取り上げるわけですが，そこには十分関連性があることを把握する必要があります。それが，やがて児童の内面において，道徳性として統合されるわけですから，バラバラの指導でなく関連性のある指導とするわけです。

⑸ 全教育活動で行う道徳教育の内容

内容項目は道徳の時間における指導の内容のみととらえがちでありますが，それは同時に全教育活動で行う道徳教育の内容であります[7]。

道徳教育の要としての道徳の時間は，また，同時に道徳教育全体への発展の基盤であります。そして，児童・生徒が道徳性を身につける教育でありますから，当然として全教育活動における道徳教育の目標となるわけです[8]。

注

⑴ 『小学校学習指導要領解説　道徳編　平成20年』 文部科学省，2008年，p. 34
⑵ 同上，pp. 35-36
⑶ 同上，pp. 39-48
⑷ 同上，pp. 48-53
⑸ 同上，pp. 53-62
⑹ 『中学校学習指導要領解説　道徳編　平成20年』 文部科学省，2008年，pp. 36-63
⑺ 『小学校学習指導要領　平成20年』 文部科学省，2008年，p. 102
⑻ 注⑴前掲書，pp. 99-115

参考文献

『「道徳」指導事典』 勝部真長・佐藤俊夫・宮田丈夫・片山清一編，大阪教育図書，1958年
『道徳指導事典』 井沢純・篠原春雄・瀬戸真・竹ノ内一郎・波多野述麿編，ぎょうせい，1975年
『道徳教育事典』 青木孝頼・宮田丈夫編，第一法規，1970年
『CD－ROM版 小学校道徳教育資料・実践事例集』 ニチブン，2006年

第5章
道徳教育の計画
―指導計画をどう立てるのか―

道徳教育の指導計画を作成するにあたっては，道徳教育が教育活動全体をとおして行なわれる教育であるからして，まず，広く義務教育の目標をとらえる必要があります。それをふまえ，道徳教育の全体計画を作成します。全体計画に基づいて，各学年の道徳の時間，週1時間，年間35時間の内容を計画する必要があります。

また，学校教育は意図的，計画的，組織的，継続的に行われる教育であります。道徳教育もこの理念に基づき計画の評価や改善が図られ，よりよい道徳教育が実施されることが望まれます。

1 義務教育として行われる普通教育

前述したとおり，教育基本法第5条第2項に，「義務教育として行なわれる普通教育は，各個人の有する能力を伸ばしつつ社会において自立的に生きる基礎を培い，また，国家及び社会の形成者として必要とされる基本的な資質を養うことを目標として行なわれるものとする」とされております[1]。

(1) 義務教育の目標

義務教育の目標は学校教育法第21条に，「義務教育として行なわれる普通教育は，教育基本法第五条第二項に規定する目的を実現するため，次に掲げる目標を達成するよう行なわれるものとする」と規定されております[2]。

① 学校内外における社会的活動を促進し，自主，自律及び協同の精神，規範意識，公正な判断力並びに公共の精神に基づき主体的に社会の形成に参画し，その発展に寄与する態度を養うこと。

② 学校内外における自然体験活動を促進し，生命及び自然を尊重する精神並びに環境の保全に寄与する態度を養うこと。

③ 我が国と郷土の現状と歴史について，正しい理解に導き，伝統と文化を尊重し，それらをはぐくんできた我が国と郷土を愛する態度を養うとともに，進んで外国の文化の理解を通じて，他国を尊重し，国際社会の平和と発展に寄与する態度を養うこと。

④ 家族と家庭の役割，生活に必要な衣・食・住，情報，産業その他の事項について基礎的な理解と技能を養うこと。

⑤ 読書に親しませ，生活に必要な国語を正しく理解し，使用する基礎的な能力を養うこと。

⑥ 生活に必要な数量的な関係を正しく理解し，処理する基礎的な能力を養うこと。

⑦ 生活にかかわる自然現象について，観察及び実験を通じて，科学的に理解し，処理する基礎的な能力を養うこと。

⑧ 健康・安全で幸福な生活のために必要な習慣を養うとともに，運動を通じて体力を養い，心身の調和的発達を図ること。

⑨ 生活を明るく豊かにする音楽，美術，文芸その他の芸術について基礎的な理解と技能を養うこと。

⑩ 職業についての基礎的な知識と技能，勤労を重んずる態度及び個性に応じて将来の進路を選択する能力を養うこと。

道徳教育とのつながりを考えると，①の自主，自律及び協同の精神，規範意識，公正な判断力，公共の精神は，道徳教育のめざすところと同じであります。②の自然体験活動の重視は道徳教育の方法とするものであり，生命及び自然の尊重や環境保全は道徳教育の内容であります。

③の伝統や文化の尊重，郷土愛，国際社会の平和等は，主として集団や社会とのかかわりに関する内容であります。

④の家族や家庭は，主として集団や社会とのかかわりに関する内容と重なります。

⑤⑥⑦の読書や数量的な関係，自然現象の観察実験は，道徳的判断力や道徳的心情にかかわってきます。

⑧の習慣は，基本的な生活習慣と重なります。

⑨の芸術は，伝統や文化ととらえ，大切にして，愛するものとしています。

⑩の職業，勤労，進路選択は，働くことの意義や社会に奉仕する喜びなどとかさなり，自主や自律は主体性のある日本人に通じます。

こうしてみると，①から⑩の目標は，学校における道徳教育の目標と重なり，軌を一にするものと考えられます。

⑵ 教育課程編成の一般方針

これらをふまえて，各学校では特色ある教育課程を編成することとなります。その法的根拠は，小学校学習指導要領第1章総則1の1に，「各学校において，適切な教育課程を編成するもの」として示されております[(3)]。

2　五つの道徳教育の指導計画

つぎに，学習指導要領第3章道徳の第3指導計画の作成と内容の取り扱いにおいて，道徳教育の全体計画と道徳の時間の年間指導計画を作成するものとすると規定されております。学校は校長の指導のもと，道徳教育推進教師を中心に全教師が協力してこの計画を作成する必要があります。

道徳教育の効果を高めるために，指導計画を作成し，実施，評価，改善を図ります。計画に基づき，よりよい道徳教育の実現をめざします。今日，学校における道徳教育の計画は作成すべき全体計画と年間指導計画のほかにも，学級における指導計画や１時間の道徳の時間を指導する学習指導案，これには細案と略案，教育課程管理の面から重要となる週案と計五つの指導計画があります。

⑴ 道徳教育の全体計画

まず，最も重要な指導計画として，道徳教育の全体計画があります。組織体としての学校の教職員が統一的な考えで，継続的，発展的に道徳教育を行うための学校の道徳教育の方針と方策を示す計画であります。小学校学習指導要領解説　道徳編によれば，次のように示されております。

① 全体計画の意義　　学校における道徳教育の基本的な方針を示すとともに，学校の教育活動全体をとおして，道徳教育の目標を達成するための方策を総合的に示した教育計画とあります。

② 全体計画の内容　　その内容としては，ⅰ）基本的把握事項，ⅱ）具体的計画事項があります。ⅰ）の基本的な把握事項としては，ア）教育法規の規定，時代や社会の要請や課題，教育行政重点施策，イ）学校，地域の実態，教職員，保護者の願い，ウ）児童の実態と課題等が示されております。

また，ⅱ）の具体的計画事項として，ア）学校の教育目標，道徳教育の重点目標，各学年の重点目標，イ）道徳の時間の指導方針，ウ）各教科，外国語活動，総合的学習の時間，特別活動などにおける道徳教育の指導方針，エ）特色ある教育活動や体験活動における指導方針，オ）学級，学校の人間関係や環境の整備，生活全般における指導の方針，カ）家庭，地域社会，他の学校や関係機関との連携の方法，キ）その他であります。

③ 全体計画作成上の創意工夫と留意点　　そして作成上の，創意工夫の観点として，次のことがあげられております。

ⅰ）校長を中心として全教師の協力・指導体制を整える。
ⅱ）道徳教育や道徳教育の時間の特質を理解し，教師の意識を高揚する。
ⅲ）各学校の特色を生かして重点的な道徳教育が展開できるようにする。
ⅳ）学校の教育活動全体において道徳教育が相互に響き合うようにする。
ⅴ）家庭や地域社会，近隣の幼稚園や保育所，小・中学校，特別支援学校，

道徳教育の全体計画

日本国憲法
教育基本法
学校教育法
学習指導要領
都・区教委の教育目標と指導の重点

学校教育目標

人間尊重の精神に基づき、ひとりひとりの可能性を伸ばし、人間性豊かな児童の育成を期する。
◎ふかく考え　進んで学習にはげむ子
◎すなおで　思いやりがあり　心豊かな子
◎心も　からだも健康で　明るい元気な子

・児童の実態
・教職員・父母の願い
・地域社会の要請
・時代の要請

道徳教育の目標

1．思慮深く節度ある生活をめざし、進んでより高い目標実現に努める。
2．誠実に行動し、信頼し合い助け合って人をいたわる。
3．体力を向上し、健康を増進し安全に努める。

各教科の指導の重点

・基礎的基本的な内容を、確実に身につけさせる。
・そのために、指導法を工夫し、一人一人の個性や能力に応じた指導を徹底することによって成就感を体得させる。

特別活動の指導の重点

●学級活動
学級を単位として、学級生活の充実と向上を図り、健全な生活態度を育成する。

●児童会活動
全児童の参加する児童会において、学校生活の充実と向上のために諸問題を話合い、協力して解決を図る能力を育成する。

●クラブ活動
同好の児童によるクラブにおいて共通の興味や関心を追求する意欲・態度を育成する。

●学校行事
学校生活に秩序と変化を与え、集団への所属感を深め、学校生活の充実と発展に資する豊かな体験的活動を行う。
・縦割りの班の組織を通して望ましい人間関係を培う。

道徳教育の重点目標

楽しい学校生活を自らの手でつくりあげる児童の育成
－道徳的実践力を高める指導を通して－
1．生活を振り返り、節度を守り節制に心がける。
2．互いに信頼し友情を深め、男女仲よく協力し助け合う。
3．公徳心をもってきまりを守り、自他の権利を守り、義務を果たす。

学年等		各学年のめざす子ども	重点内容	共通重点
低学年	1年	○自分のことは、自分でする子	1－(2)勉強・努力	1－(1)　節度節制自立（思慮・反省） 2－(3)　信頼友情助け合い 3－(1)　生命尊重 4－(1)(2)　公徳心、規則の尊重
	2年	○ともだちとなかよくする子	2－(2)思いやり・親切	
中学年	3年	○粘り強く行動する子	1－(2)勤勉・努力・忍耐	
	4年	○助け合い励まし合う子	2－(2)思いやり・親切	
高学年	5年	○自分に厳しく行動する子	1－(2)希望・勇気、不とう不屈	
	6年	○自分を伸ばして集団や社会に役立つ子	4－(4)勤労・社会奉仕	

各教科における道徳教育の重点

（国語）言語感覚を養い、国語を正しく理解し、豊かに表現しようとする態度を育てる。
（社会）正しい社会的判断力を養いながら、郷土や国土に対する愛情を深め社会の発展に尽くす態度を育てる。
（算数）根拠を基に物事を論理的に考え、進んで生活に生かそうとする態度を育てる。
（理科）自然や自然に生きるものを愛する心をもち、常に真理を求める態度を育てる。
（生活）活動や体験を通して、生活上必要な習慣や技能を身につけ、自立への基礎を育てる。
（音楽）美しい音楽に進んでふれ、素直で豊かな心を育てる。
（図画工作）表現や作品の鑑賞を通して、個性的な創造力と豊かな心情を育てる。
（家庭）家族の一員として、家庭生活をよりよくしようとする実践的な態度を育てる。
（体育）健康や安全に気をつけ、公平な立場で協力し合う態度を育てる。

生活指導の重点

・人の話をしっかり聞くなど基本的行動様式の徹底を図る。
・温かい人間関係の育成に努める。
・5分前　集合など規律ある集団生活ができる態度を育成する。

道徳の時間の目標

(1)道徳的価値を全体にわたって計画的、発展的に指導する。
(2)学校教育全体で行う道徳教育を補充、深化、統合する。
(3)道徳的実践力を育成する。

環境整備の重点

●言語環境の整備に努める。
●校舎内外の整理整頓に努め、清潔さを保つ。
●自然環境の整備に努める。
・心のコーナー
・花壇、教材園

意志力を育てる道徳的実践の活動具体例

全校	・あいさつ運動 ・縦割り班活動	・栽培活動、一人一鉢栽培 ・5分前集合
学年学級	・読み聞かせ ・週予定 ・学級係活動 ・がんばり清掃	・話し方ハンドサイン ・学級歌 ・日記・班記録 ・学級新聞、学級通信

家庭との連携・協力の基本方針

◎学校、家庭、地域の役割を明確にし、相互の信頼・協力関係を確立する。
◎望ましい生活習慣の確立のため協力を呼びかける。具体的には……地域懇談会、登校指導、地域パトロール、「学級通信・研究短信」「親子読書」

（道徳指導資料　東京都江東区教育委員会，1993年）

関係諸機関などとの連携に心がける。

vi）計画の実施および改善のための研修体制を確立する。

道徳教育の全体計画では，学校の教育目標を具現化する道徳教育の展開が一般的です。そのため，学校の教育目標の一項目を取り上げる方法や 3〜4 項目ある教育目標のすべてを取り上げ，取り組む方法も考えられます。

新任教諭として赴任した場合，赴任校の道徳教育の全体計画を熟読し，理解を深め赴任校の教職員とともに，未来を担う児童のための道徳教育を推進することが求められます[4]。

道徳教育の全体計画が立案されてはいるが，十分に機能していないことも考えられます。評価や改善を疎かにせず，保護者の願い，インターネットやメールなどの社会の動きもとらえ，見直し改善を図ります。

⑵ 道徳の時間の各学年の年間指導計画

道徳の時間の各学年の年間指導計画の意義　　道徳教育の時間の各学年の年間指導計画は，道徳教育の全体計画に基づき，児童の発達に即し，計画的・発展的に行われるものであります[5]。

ここではとくに計画的に行うということと，発展的に行うことが意義あることであります。道徳教育が生活場面にのみ即していたら，そこで遭遇しない内容項目について，指導が欠落してしまいます。そのことが子どもの幸せに結びつかないと考えると計画性が重要な意味をもってきます。

また，子どもはやがて，社会のなかで自分の力で生きていきます。このことを考えれば，現在も大事ですが将来を見据えた発展的な指導が望まれるわけであります。

⑶ 各学年の年間指導計画の内容

その内容でありますが，ア 各学年の基本方針，イ 各学年の年間にわたる指導の概要として示されます。イ については，さらに, 指導の時期・主題名・ねらい・資料・主題構成の理由・展開の大要及び指導の方法・他の教育活動における道徳教育との関連・その他であります。

各学年の年間指導計画作成上の創意工夫と留意点　この道徳教育の時間の各学年の年間指導計画作成時上の創意工夫と留意点は，多岐にわたり工夫の観点が示されております。

i）年間授業時数を確保する工夫

ii）主題の設定と配列の工夫

iii）多様な指導方法の工夫

iv）他学年段階の内容の取り扱い

v）弾力的な取り扱い

vi）年間指導計画の改善と資料の収集

とくに，全体計画から道徳教育の重点を定め，その重点が児童・生徒に十分浸透するように指導計画に特色をもたせます。

また，日々活用される計画にする必要があります。冊子にまとめるのも一つのあり方ですが，教師が手元において，日常の教育活動において活用や工夫が図られるよう改善すべきです。

⑷ 学級における道徳教育の指導計画

つぎに，学級における道徳教育の指導計画であります[6]。

① 学級における指導計画の意義　まず，意義でありますが，小学校では担任教師が受けもつ学級について，道徳教育を年間どのように進めるかの具体化する計画であります。実際に一年間学級を担任する教師が道徳の時間と全教育活動で行う道徳教育とをどのように実践するかの計画です。教師や児童の個性に応じた道徳教育のための指導計画であります。

② 学級における指導計画の内容　その内容としては，基本的把握事項と具体的計画事項として示されております。基本的把握事項としては，ア）学級における児童の道徳性の実態，イ）学級における児童の願い，保護者の願い，

第１学年　道徳の時間の年間指導計画

１年　２月　３週

主　題　名	資料名（内容項目）	ね　ら　い	出典
なかのいいともだち	あさがおのはな ２－(3)友情、信頼、助け合い	友達のことを考え、仲よく助け合っていこうとする心情を育てる。	学研
展開例	１．友達といっしょで楽しかった経験を思い出し、発表する。 ２．資料を読んで話し合う。 ○ゆうじ君は、どんな気持ちで毎日あさがおの世話をしていたのでしょう。 ○窓のそばにいたとしお君に、ゆうじ君は何と言いたかったのでしょう。 ◎割れているあさがおの鉢を見て、クラスのみんなはどう思ったでしょう。 ○「ありがとう」と言って片づけたゆうじ君は、どんなことを考えたでしょう。 ３☆今まで困っている友達に対して、どのようにしたかふり返る。 ４．教師の話を聞く。（小学生時代の体験を話す。）		
備考	二わのことり（学研・文溪）　およげないりすさん（同人）		

１年　３月　１週

主　題　名	資料名（内容項目）	ね　ら　い	出典
しょくぶつにやさしく	チューリップ ３－(2)動植物愛護	自然に親しみ、優しい心で動植物に接しようとする心情を育てる。	同人
展開例	１．どんな花の種をまいたことがあるか発表する。 ２．資料を読んで話し合う。 ○まさお君は、どんなことを思いながら、球根を植えたのでしょう。 ○冬になって、まさお君は、どんな心配をしたのでしょう。 ◎チューリップの芽がでた時のまさお君の心は、どんなでしょう。 ３☆植物の世話をした時のことを思い出し、どんなふうにやったらよかったかを考える。 ４．じょうずに世話をしている友達の話を聞く。		
備考	あかとんぼ（同人）　どうぶつってかわいいね（学研）		

１年　３月　２週

主　題　名	資料名（内容項目）	ね　ら　い	出典
あたたかいこころ	ちえことおばあさん ２－(2)思いやり、親切	身近にいる高齢者に温かい心で接し、親切にしようとする心情を育てる。	文溪
展開例	１．身近な人から親切にしてもらった経験やその時の気持ちを発表する。 ２．資料を読んで話し合う。 ○きょろきょろ辺りを見回しているおばあさんを見て、ちえこはどう思ったでしょう。 ◎ちえこはどんな気持ちから、おばあさんに声をかけたのでしょう。 ○学校の方へ歩いていくおばあさんはどんな気持ちだったでしょう。 ○おばあさんの後ろ姿を見ながら、ちえこはどんなことを思ったでしょう。 ３☆今までお年寄りや小さい子が困っている時に親切にできたか発表し合う。 ４．教師の話を聞く。（お年寄りに親切にしたことを話す。）		
備考	いしけり（文溪）　いっしょにいきましょう（標準）　はしのうえのおおかみ（学研）		

（道徳指導資料 東京都江東区教育委員会，1993 年）

教師の願い，具体的計画事項としては，ア）教師と児童の信頼関係および児童相互の好ましい人間関係を築く方策，イ）各教科，外国語活動，特別活動，総合的な学習の時間における道徳教育の概要，ウ）学級生活における豊かな体験活動の計画，エ）学級における教育環境の整備計画，オ）基本的な生活習慣に関する指導計画，カ）他の学級・学年および家庭・地域社会等との連携にかかわる内容と方法，キ）その他であります。

③ 学級における指導計画作成や活用上の創意工夫と留意点　作成や活用上の創意工夫と留意点について，次のように示されています。

ⅰ）学級担任教師の個性を重視し，伸び伸びとした学級経営を行う基盤づくり。

ⅱ）道徳教育の成果は学級における日常生活に反映されるので，道徳教育の目標や内容の具現化に努める。

ⅲ）自発性や主体性などを伸ばす。

ⅳ）他の学級や学年，学校，保護者や地域社会との交流を積極的に図る。

ⅴ）精選した内容とする。

ⅵ）他の意見を取り入れ，改善や付け加えを行う。

ⅶ）わかりやすくするとともに，児童や保護者の記述も考え，日常的に活用できるようにする。

学級担任として，担任した児童を一年間どのように育てるのか，方針をもって指導に当たるのと，ただやみくもに指導に当たるかでは当然そこに違いが出てきます。全教育活動における道徳教育と道徳の時間の指導を学級担任としての統合する計画です。児童・生徒の学級や学校での育ちに直結する計画です。

学級における指導計画は，とかく，なじみが薄いものとなっておりますが，一年間という担任の期間で心を育てるためには，ぜひとも必要な計画であります。教師自身が活用しやすい形式のものを作成します。

学級における指導計画例

○○県○○市立○○小学校
第２学年○組
（男子○名　女子○名　計○名）

学級担任
○○○　○○

学校教育目標
学ぶ喜び、ふれあう喜び、鍛える喜びをもつこども

学年経営の基本方針
進んで学ぶ子　励ましあい助け合う子　粘り強くやりぬく子

学校における道徳教育の重点目標
・人間尊重の精神と生命に対する畏敬の念をもち、自主自律の態度を養い、主体的に地域社会に参加しようとする児童を育てる。
・基本的な生活習慣の定着を図り、心身共に健康な児童を育てる。

学級における児童の道徳性の実態
・明るく素直で、係の仕事などの役割を進んで引き受けようとする活動的な児童が多い。仲良しの友だちとは協力して助け合おうとするが、考えの違う人とも互いに認め合うところまでは高まっていないことが多い。

教師の願い
・学級を通じて知り合う様々な人々とかかわり合う中で、自分も他者も大切に思う気持ちを持つことができるようになってほしい。
・安心して自分の考えを素直に表現できる、学級集団を築いていきたい。

学級における道徳教育の重点目標
・望ましい生活習慣を身につけ，着実にやりぬく強い意志を養う。
・正義を重んじ，誰に対しても公正，公平に接していく精神を培う。
・自律の精神を重んじ，自主的に考え誠実に実行してその結果に責任を持たせる。

保護者の願い
・挨拶ができ心の通い合える子
・みんなが仲良く助け合える集団
・人や自然と大いにかかわり、その中で学び合える学級
・自分や周りの人を、大切にできる子

学級における道徳教育の基本方針
・自分の気持ちや、相手の気持ちを大切にし，互いの考えを理解し合おうとする気持ちを育てる。
・学校や家庭での様々な体験を思い返し、自分を見つめ高めていこうとする態度を育てる。

各教科における道徳教育の概要
・課題に主体的に取り組み、自分の力で解決していこうとする意欲を持って学習できるようにする。
・よく聞いて理解し、自分の考えを深めて、再び他者に働きかけようと努力できる様にする。

学級生活における豊かな体験の計画
・「地域清掃クリーン作戦」「花いっぱい広げよう」「遠足」など、活動を計画する際には、自分の目当てを明確に持たせ最後まで、粘り強くやり抜こうとする態度を育てる。
・互いに協力し思いやろうとする気持ちを育てる。

学級における教育環境の整備計画
・児童作品や、学習したことを　振り返ることのできる展示コーナーを設ける。
・読書コーナーで、自由に読書ができるようにするなど、言語環境を整える。
・飼育コーナーを整備し、清潔に安全に世話をすることができるようにする。

基本的な生活習慣に関する指導計画
・誰に対しても気持ちのよい挨拶ができるように、家庭と連携を図りながら継続して指導する。
・早寝早起きが自主的にできるようにする。
・身の回りを整え物を大切にすることができるようにする

特別活動における道徳教育の概要
・学校行事や学級活動に積極的に参加し、様々な人と交流を深められるよう、活動を支援する。
・学級活動においては、自分達の生活を楽しくすることができるように、学級のつどいやみんなのための仕事の計画などを立てることができるよう支援する。

他の学級・学年との連携
縦割り班活動や、学年・学校行事などを通して、様々な学年との交流を深めると共に、指導者間の連絡を密にしていくことを心がける。

家庭・地域社会との連携
・学級便り、保護者会などで理解を図る。
・地域への道徳公開授業などで、温かく見守ってもらうようにする。

『心のノート』の活用
・道徳の時間と関連させて活用する。・各教科、特活、総合的な学習の時間などと関連させて活用する。
・家庭に持ち帰って、家族と話し合いながら、書き込みができるようにする。

（小学校道徳『かがやけ　みらい』指導用CD，学校図書）

(5) 道徳の時間の学習指導案（略案）

学習指導案は大別すると細案と略案とがあります。細案は研究授業等に当たって作成する指導案のすべての項目にわたり作成するものであります。それに対して，略案は日々の授業にあたり，教師が指導の目安として，手元に置き指導に役立てる学習指導案の概要を示したものであります。学習指導案の細案については道徳の時間の指導の項で，詳細に取り上げ，ここでは略案について述べます。

① **学習指導案略案作成の意義**　道徳の時間の指導に当たって，事前に学習指導案(略案)を作成して，授業に臨むことが授業を質的に向上させます。道徳の指導には計画的・発展的指導が望まれるわけでありますので，やはり，ねらいや発問，指導過程，評価等を事前に検討し，どこでどう発問するか。どこでどう評価するのか，授業展開を具体的に考えます。

② **学習指導案略案の内容**　教材（資料），ねらい，指導過程，時間配分，発問，評価などが準備されるべきです。

③ **学習指導案作成の創意工夫**　第一は，短時間で作成できるよう工夫することであります。第二に，次への改善に結びつけることであります。第三に自分の学級のみでなく広く活用ができるようにすることです。そして，第四に評価の観点も工夫してプロセスの評価を取り入れ，指導と評価の一体化を図ります。

やはり，子どもの心に響く道徳の時間とするためには，資料や発問や学習活動，評価に工夫が必要です。その工夫が盛り込められた，解りやすい表現の学習指導案（略案）を作成します。

(6) 週　案

① **週案作成の意義**　週案は，校長が学級における学習指導が学習指導要領に基づき，公教育として適切な内容であるかどうかを教育課程として承認するものであります。とくに，今日の訴訟社会において，裁判などの資料として

も重要であります。また，思いつきや場当たり性を排除し計画的な指導や指導時数の確保のために必須な表簿であります。

② **週案の内容**　教科名，指導のねらい，学習活動などが必要であります。また，既時数や今後の予定時数を記入し，年間指導時間を確保する根拠とします。道徳の時間については主題名や資料名を記す必要があります。

③ **週案作成と活用の創意工夫**　週案を義務として作成するという考えもありますが，週案の作成で自らの指導をふりかえり，自己の向上の手立てとすることも可能であります。また，問題行動などを担任教師のみがかかえこまないで，早い段階から，校長・副校長・主幹・学年主任等へ連絡して，組織的に問題対応して問題拡大を防ぐために活用する方法も盛り込みます。担任教師によって実践される学校教育の記録として，次への改善の重要な根拠となります。

3　道徳教育の指導計画の評価と改善

(1) 道徳教育の指導計画の評価

計画－実践－評価－改善は，教育活動の一連のものであります。どのように計画して，どのように実践して，どのように評価したかという継続性が必要であります。この一連の活動のなかから，次への改善や提案が生まれてきます。とかく，多忙さのなかで，やれば終わりという傾向も見られます。「評価は愛のメッセージ」といわれるように，よりよい道徳教育を実現するために，このサイクルを疎かにすることなく着実に行うことが大切です。とくに，問題点を改善に結びつける視点を忘れてはなりません。

道徳の時間の学習指導案（略案）

資料名	１　がっこう　だいすき		指導時期	４月
			副読本	２ページ
主題名	みんなと　なかよく	内容項目	4-(4)　愛校心	
ねらい	学校での１日の生活の様子や、１年間の活動の様子を知ることを通して、毎日を楽しく過ごそうとする気持ちを育てる。			
主題設定の理由	この時期の児童は、すべてが新しい世界であり、戸惑いや不安がある。そこで、教師と子ども一人一人との愛情のある触れ合いを通して、教師を敬愛する心を育てることや学校の人々に親しみを持って接することができるように指導し、学級や学校の生活を自分たちで楽しくしようとする態度を育てたい。			
学習活動　導入	１　学校の好きなところや楽しいところはどんなところですか。			
学習活動　展開	２「がっこう　だいすき」（Ｐ．２・３）を見て、話し合う。 ○絵を見て、楽しいと思うことを発表しましょう。 ○校庭にはどんなものがあるでしょうか。 ３「がっこう　だいすき」（Ｐ．４・５）を見て、話し合う。 ○１年生の勉強には、どんなものがありますか。また、どの勉強が楽しみですか。 ◎学校での勉強や遊びを楽しくするためには、どんなことに気をつけたらよいでしょうか。			
学習活動　終末	４　大好きな学校にするために、大切なことについてまとめる。			
他の教育活動との関連	こころのノート「おせわに　なってます！」を活用する。			
＜授業改善のために＞				

（小学校道徳『かがやけ みらい』指導用 CD，学校図書）

(2) 道徳教育の指導計画の改善

校内の評価や外部評価のなかから，出てきた課題を道徳部会，学年部会，年度末の職員会議の評価などにおいて協議して，改善を図ることが望まれます。

この資料はこう展開したが，ここをこうすればさらに良かったという教師の生の声を累積して，改善に結びつけます。

また，全体計画―年間指導計画―学級における指導計画―学習指導案―週案の統一性・整合性をより高める必要があります。

内閣の教育再生会議は最終報告で徳育の教科化を主張しておりますが，文部科学省の中央教育審議会は道徳の教科化を見送りました。今後，道徳教育の充実として，指導計画のさらなる充実や偉人伝など教材の開発を追究する必要があります。

⑶ 体験と計画性との整合

最後に，体験と計画性との整合を考えます。児童・生徒が日々の学校生活において体験することこそが自らの道徳性を培う根本であります。この側面からのアプローチは，全教育活動における道徳教育となります。また，学校教育目標，道徳教育の目標，指導の重点，道徳の時間の指導の側面では，計画的な傾向が強く出ます。

この体験と計画性を整合させる視点から道徳教育の計画を見直すことが必要です。この見直しを怠ると児童・生徒の体験と道徳教育の計画が乖離し，不整合な道徳教育となってしまいます。評価と改善で見落とすことができない重要な視点です。

注

⑴ 「教育基本法」『教育小六法　平成19年度版』 学陽書房
⑵ 「学校教育法」『教育小六法　平成19年度版』 学陽書房
⑶ 『小学校　学習指導要領　平成20年』 文部科学省，2008年，p. 13
⑷ 『小学校　学習指導要領解説　道徳編　平成20年』 文部省　2008年，pp. 63-68
⑸ 同上，pp. 69-73
⑹ 同上，pp. 74-75

参考文献

・「平成15年度道徳教育推進状況調査結果」 文部科学省
・「教育再生会議最終報告書」 内閣府
・『中学校学習指導要領　平成20年』 文部科学省，2008年
・「道徳指導資料」 江東区教育委員会，1993年
・小学校道徳『かがやけ　みらい』 道徳指導用CD，学校図書
・「第37回関東地区小学校道徳教育研究大会　茨城大会」 学習指導案

第6章
道徳教育の方法
―どういう方法で教育するのか―

教育の方法は教育の目的との関連で考える必要があります。教育方法は教育目的達成のためとして考えられねばなりません。そこで，まず，道徳教育の方法を考える前に，学校教育の目的を確認します。そして，次に道徳教育の方法を考えます。

1 学校教育のめざす方向

(1) 自立を促す教育

道徳教育の方法を考えるにあたって，まず，大きく学校教育のめざす方向を考える必要があります。学校教育のなかで道徳教育が行われるからであります。学校教育は，自立して自分で生きていける人間を育てる教育であります。したがって，自己確立や自己決定力を育てることが大切となります。自立を促し，自己実現をめざす教育であります。

(2) 自己教育

道徳教育は教師による児童・生徒への指導が基本でありますが，やがては児童・生徒自身による自己教育が望まれるわけであります。なぜならば，時代の変化のなかで一度学んだ事柄を再び学びなおす必要は自らが気づかなければならないからであります。学びなおす必要に気づくことがモラルのリニューアルにつながります。自分で生きていくためには道徳を学ぶ自己を育て，自己が道徳を学び続けることとなります。

したがって，道徳教育においても，児童・生徒自らが道徳性を育むよう指導します。自己が自己を教育する自己教育，つまり，自分で自分の人生を創造することとなります。その元となる道徳性をはぐくみます。つまり，それは自分の人生を自分の考えで創造していく，生きていくということになります。

⑶ 生涯学習

自立を促し，自己教育を推進すると，それは発達の一課程で終了するものではありません。生涯にわたって学習を継続することとなります。学習を継続する意味において，学習の結果も大事でありますが，学習への意欲が大きな意義をもってきます。やればできるとか，やってみようとか，チャレンジするとかが生涯教育の基礎にある学習への意欲となります。この学習意欲の形成が生涯教育の基盤となり，道徳教育において重視し，変化する時代のなかでのモラルの創造につながります。

2 道徳教育の方法についての考え方

⑴ 道徳教育の多様な方法

人はどこでどのようにして道徳性を身につけるのでしょうか。

まずは，家庭です。家庭で親や兄弟姉妹からさまざま教わります。つぎに，幼稚園，保育園，学校です。集団のなかで人とのかかわりなどを学びます。そして，地域社会です。会社や銀行など勤務先です。規則や規範，生き方などを学びます。つまり，直接体験をとおして，道徳性は養われるわけです。

直接体験のなかでも，とくに人は失敗から学びます。失敗を自ら振り返り，自己の生きる力とするわけです。また，成功体験はより自信を深めます。失敗や成功をとおして人は道徳を学びます。

それだけで，十分でしょうか。読書や映画などからも人は生き方を学ぶことができます。自己の直接体験を振り返り学ぶ場合もあります。失敗や成功から学ぶということは，自己の直接体験を客観視して学ぶということです。これらのことから，道徳教育の指導方法は直接的方法と間接的方法が考えられわけです。

学校教育ではこの直接的方法と間接的方法をどのように駆使しているのでしょうか。

道徳教育は学校全体で行うとあります。学校教育全体で行われる道徳教育，これは直接的な方法です。週一時間，道徳の時間があります。これは教材を使って行う間接的な方法です。学校教育では学校教育全体で行う直接的方法を基盤に道徳の時間における間接的方法の双方を用いて道徳性の育成を図るわけです。

また，指導方法の研究に深くたずさわると，考え出した指導方法が唯一絶対の方法と考えがちでありますが，それは誤りであります。元来，方法は多様でさまざまであるべきです。たとえば，富士山に登るのに御殿場口しかありえないというのはおかしなことであります。多様な方法がさまざま存在するのが現実であり，目的との関連においてどの方法が有効なのか検討されるべきであります。

⑵ 道徳教育の目標を押さえる

つぎに，方法を目的との関連で考えますと，道徳教育の目標が重要な意味をもってきます。この目標に迫るために，教育の方法を考えるわけであります。目標は道徳教育と道徳の時間の両方に示されております。これをいかに実現するか。多様さのなかで有効な方法が求められます。

⑶ 道徳教育における道徳性

道徳教育の目標は道徳性の育成にあります。道徳性とは道徳的心情，道徳的判断力，道徳的意欲と態度などであります。これを培うのが道徳教育であり，そのための方法が研究され確立される必要があるわけです[(1)]。

⑷ 道徳の時間における道徳的実践力

つぎに，道徳の時間の目標は，道徳的価値およびそれに基づいた人間としての生き方についての自覚を深め，道徳的実践力を育成することです。道徳的実践力とは，道徳的行為を実践するための力です。これらをいかに児童・生徒に身につけさせるかが重要な課題です。この方法を多様に追究します。

⑸ 道徳的実践力の育成

道徳の時間に道徳的価値の自覚を深め，道徳的行為を実践する力を育成するためには，二つのことが考えられます。一つ目は道徳的価値の自覚を児童がより深めるということです。二つ目は道徳的価値の自覚により道徳的行為を実践する力を養うということです。

道徳の時間の望ましい指導のあり方としては，道徳的価値の自覚と道徳的実践力の育成が1時間のなかで効果的に追究されることです。

⑹ 道徳教育の視点で方法を考える

これらのことを道徳教育の視点で整理しますと，次のようになります。

① 体験活動の充実

② 道徳の時間の価値の追究と自覚

③ 道徳的実践力の育成

④ 道徳的実践の指導

実際の学校生活の場での体験を重視し，それが十分に蓄積されることが望まれます。その体験をさせっぱなしにするのでなく，振り返って考え内面化することが重要です。内面化して，道徳性として定着することとなります。

てすから，個々の体験をふまえ，資料（教材）を準備して，道徳の時間で道徳的価値や生き方についての自覚を深め，道徳的実践力を育成するわけです。

そして，他の教育活動での実践や事後指導，家庭・地域との連携で，道徳的教育実践の指導を関連させます。この順序をふまえる必要があります。

つまり，「日常におけるさまざまな体験をより充実させる。道徳の時間で資料を用意して，その体験を価値づけ，道徳的実践力として育成を図る。それを実際の具体的な生活場面で実践する指導を行う。そして，また，道徳の時間で考える」ということです。このサイクルと積み重ねが重要となります。

3　全教育活動で行う道徳教育の方法

全教育活動で行う道徳教育は次のとおりであります。

① 教科等の特質に応じた道徳の指導

② 道徳の時間との関連

③ 道徳性の育成

④ 道徳的実践の指導

全教育活動で行う道徳教育は，国語なら，国語の特質をふまえ，言葉遣いや国語を愛することを道徳教育として行うわけであります。常に，教科等の特質を押さえ，道徳性の育成，道徳的実践の指導，道徳の時間との関連を念頭におく必要があるわけです。

4　全教育活動で行う道徳教育の具体的な指導

つぎに，学校教育全体で行う道徳教育の方法を考えます。これは，主に直接的指導となります。

⑴ 日常生活での指導

① 楽しい学校生活を十分に味わわせる

② 学級や学校生活のなかでの望ましい行為を評価する

③ 基本的な生活習慣の習慣化を図る

児童•生徒にとって，学校生活が楽しいものであることが基盤です。楽しいところに，興味・関心が湧き，創意工夫や意欲が生まれるからです。その楽しい学級や学校生活をとおして，基本的な生活習慣が身につくように指導します。忘れ物，規則正しい生活，節度，友人関係などさまざま学ぶことが可能です。そして，この充実が道徳性の育成には有効であります。

⑵ トラブル場面の指導

しかし，学校生活では，さまざまなトラブルが発生します。とかく，少子化の現実で家庭における子どもの減少が，子どもが子ども同士でつき合うより，多く大人とつき合う現実があります。昔のように，兄弟げんかも少なくなっています。対等な人間関係を調整する力やコミュニケーション能力が十分育っていない子どもたちが学校でトラブルを起こすのは，至極当然なことであります。ですから，教師としては，このトラブルをとらえて，子どもを成長させるチャンスと考えるべきであります。その方法として，次の六つをあげます。

① 子どもの言い分をじっくりと聞く。

② 自己の行為を振り返らせるため，行ったことを文に書かせ言葉で表現させる。

③ 書いた文を読み自分を見つめ自分の考えや行為を振り返えらせる。

④ 振り返りのなかから，自分の考えを客観的に把握する。

⑥ この過程で，どの場面で，どのように，行動すればよかったのかに気づかせ，学ばせ，納得させる。

⑥ トラブルの相手を人間的に尊重する。

教師は友情や信頼などの道徳的な価値を，念頭において，指導にあたることが，有効となります。トラブルは人間関係の友情の深化としてとらえ，お互いに相手を尊重し友情を深めることが指導のポイントとなります。各教科等における指導や学級における人間関係の育成，特別活動での実際に行う指導を累積して，全教育活動での道徳教育をより充実させます。

5　道徳の時間の指導の方法

つぎに，道徳の時間の指導の方法について考えます。これは，教材を使った間接的方法となります。

各教科は授業論の背景に学問の体系をもっています。道徳は学問的には，倫理学，心理学，そして人間学が背景にあります。最近では学際学もあります。また，学問は領域，つまり分野と方法論の確立が前提となります。

道徳の授業論を考える際に，よって立つべき基盤を，倫理学におくのか，心理学におくのか，人間学におくのか明確にする必要があります。また，学際学が問われます。一つのみの学問でなく，学際的に考える必要もあります。これからの道徳教育はとくに学際的に考えることが必要です。これらをふまえ，学問的背景をベースに道徳の授業論を構築します。

今日，わが国では，さまざまな授業論が展開されております。百花繚乱の呈であります。社会にあるきまりを内面に取り入れ，自己の人生や社会に対する精神的な態度を形成する教育ですから，子どもの発達段階を押さえた，実効性のある授業論が待たれます。

戦前は注入主義で外側から児童に社会のきまりを注ぎ込みました。強制的ですから，この効果もありました。しかし，戦前－戦中－戦後という時代を超えた普遍性をもちえたのか疑問が残ります。しかし，わが国の近代化の途上で，注入主義の修身教育が行われたのは歴史的事実であります。現在は民主主義の時代です。民主主義に適合した道徳教育の授業論が必要です。

6　道徳授業論

ここで，道徳の時間の授業論を考えたい。考えるにあたって，文化の違い，子どもの発達段階，背景となる学問等をふまえます。

今日のわが国の道徳教育の方法は，① 外国の道徳教育理論のわが国での展開，② わが国独自の理論の展開に大別されます，前者にはＪ・ピアジェ，Ｌ・コールバーク，ケアリング理論，品性教育などがあり，わが国との文化風土の違いが課題となって現れております。

また，わが国独自の道徳教育の理論は，基盤とする学問によって，多様な展開となっております。倫理学的アプローチ，心理学的アプローチ，人間学的アプローチ，学際的アプローチなどさまざまであります。また，その国が実際どのような政治や宗教や文化によって成り立っているのかその歴史性にもよります。

国際化の時代を迎えた今日，外国の理論の日本化と日本の理論の普遍化を視野に入れ，検討されるべきであります。

基本的には，① 目標の分析，② 実態，発達段階のとらえ方，③指導時間，④ 指導の場所，⑤ 指導体制，⑥ 教材（資料），⑦ 指導過程，⑧発問，⑨評価などをふまえた授業論の確立です。これは，日本道徳教育学会など学会の動向や文献に注意を払い，学ぶ必要があります。

小学校では，各学年年間 35 時間 1 年生のみが 34 時間で，合計 209 時間の道徳の時間が設定されております。中学校では各学年 35 時間計 105 時間であります。児童・生徒は小・中学校合わせて，314 時間の道徳の時間での指導を受けるわけであります。

今日，この道徳の時間が形骸化に陥っているとすれば，多様な指導方法の展開は重要な意味があるものとなります。子どもの心に残り，生きていく力となる指導が子どもから求められています。そのためには，真に目標を達成するのに十分な道徳授業論が追究されるべきです。

7　道徳の時間の具体的な指導法

つぎに，昭和33年の道徳の時間の特設以来，先人によって積み重ねられ，実際に行われている道徳の時間の指導法について具体的に述べます。同時に，教師はよりよい指導法の追究の視点や自己の課題を明確にもつべきであり，その達成がやがて自分を熟達した教師へと導きます。ここに紹介するのは，現在多くの学校で行われている道徳の指導法であります。

① **教師が児童理解を深める**　とくに，共感的な児童理解が必要です。

② **教師と児童，児童相互の教育的な人間関係を深める**　教師の指導がスーッと児童の心に入っていくことが望まれます。

③ **教室環境の整備**　環境が心を育てます。温かな環境整備は道徳教育には欠かせません。

④ **道徳の授業論**　どんな考えでどのような道徳授業を行うか，指導の過程をはっきりさせます。

ｉ）指導内容としての教材　→　資料を十分に検討する。

○道徳の時間に生かす教材として

ア）人間尊重の精神にかなう資料

イ）ねらいを達成するのにふさわしい資料

ウ）児童の興味・発達に応じた資料

エ）多様な価値観が引き出され，深く考えさせられる資料

オ）特定の価値観に偏しない中立的な資料

実際の教材の選定にあたっては,次に示すものが考えられます。

ア）児童の感性に訴え，感動を覚えるもの

イ）人間の弱さやもろさに向き合い，生きる喜びや勇気を与えられるもの

ウ）生や死の問題，先人が残した生き方の知恵など人間としてよりよく生きることの意味を深く考えさせられるもの

エ）体験活動や日常生活等を振り返り，道徳的価値の意義や大切さを考えることができるもの

オ）悩みや葛藤等の心の揺れ，人間関係の理解等の課題について深く考えることができるもの

カ）多様で発展的な学習活動を可能にするもの(2)

ⅱ）指導過程　導入－展開－終末をふまえる。

ⅲ）評価　指導と評価の一体化　プロセスの評価　総括的な評価　関心，意欲，態度の評価，ポートフォリオによる評価

ⅳ）学習指導の工夫

ア）学習への動機づけの工夫

イ）資料活用の工夫

ウ）発問の工夫

エ）話し合いの工夫

オ）説話の工夫

カ）動作化・役割演技を取り入れる

キ）ワークシート等表現の工夫

ク）道徳ノートの工夫

ⅴ）学習指導案の作成

ア）主題名

イ）主題設定の理由

ウ）研究主題との関連

エ）ねらいと資料

オ）指導過程

カ）発問構成

キ）評価

ク）ほかの教育活動との関連

ケ）事前指導・事後指導

コ）その他（ワーク・シート）

⑤ 計画に基づき他の教育活動との関連

ア）道徳教育の全体計画

イ）各学年の年間指導計画

ウ）学級における指導計画

エ）ほかの教育活動との関連

⑥ 家庭・地域社会との連携

ア）学級便り・学年便り

イ）学校公開

ウ）学校便り

エ）授業参観

オ）アンケートへの協力

カ）ゲストティーチャーの活用

学習指導案を作成し，実際の指導を行い，評価して授業改善を図ります。その意味で，息の長い継続した活動であります。教育活動を進行形としてとらえるのも有効な方法です。

つぎに，戦前の修身は，注入主義の道徳教育でありました。今日の児童の考えを尊重し，内面化を図る手法とは異なります。今日，児童・生徒が主体的に価値を自覚し，道徳性を形成する方法の確立が追究されております。

つぎに，世界の道徳教育の方法についてみてみますと，やはり，道徳教育は社会で重視する価値の内面化の問題でありますので，宗教が大きくかかわってきます。また，政治体制によって，道徳教育も変わってきます。これは第14章で述べます。しかし，今日のわが国の公教育は宗教との分離で行われております。宗教教育は必要ですが，宗派教育は行っておりません。

今日，わが国ではコールバークの理論，ケアリングの理論，モラルジレンマの理論，あるいは，アメリカにおける品性教育，その国の社会情勢に応じたさまざまな道徳教育が展開されております。

指導の方法は多様であり，よりよい方法が求め続けられる必要があります。それは，教師の良心として，継続され，発展されると効果や充実感となります。なぜならば，児童・生徒は教師の力が入った授業を十分受け止める心，ハートを保持しているからであります。この児童・生徒の心，ハートに響く方法を創造的に追究します。

注

⑴『小学校学習指導要領解説　道徳編　平成20年』文部科学省，2008年，pp. 16-20
⑵　同上，pp. 93-94

参考文献

・『教育方法 第4版』細谷俊夫著，岩波書店，1991年
・『教育方法へのパスポート』水越敏行著，日本文教出版，2001年
・『教育方法学序説』上野辰美著，コレール社，1991年
・『教育の方法』佐藤学著，放送大学教育振興会，1999年
・『道徳的価値の自覚を深める発問の工夫』広瀬久著，明治図書，1999年
・『道徳授業の工夫改善読本』教育研究所，1992年
・『道徳の授業理論』押谷慶昭著，教育開発研究所，1981年
・『世界の道徳教育』J. ウイルソン監，修押谷由夫・伴恒信編訳，玉川大学出版部，2002年
・『未来を拓く道徳教育の研究』中野重人・押谷由夫編著，保育出版社，2002年
・『道徳の指導』柴田義松編著，学文社，2002年
・『道徳の指導法』村田昇編著，玉川大学出版部，2003年
・『児童道徳判断の発達』Jean piaget，大伴茂訳，同文書院
・『改訂道徳教育とその指導法』吉田武男著，NSK出版，2005年
・『道徳教育論』新井郁男・犬塚文雄・林泰成・放送大学教育振興会，2005年
・『生涯学習・社会教育概論』稲生勁吾編著，樹村房，1985年
・『生涯学習の基礎』倉内史郎・鈴木眞理編著，学文社，1998年
・『生涯学習論　自立と共生』白石克己編，白石克己・森田希一・遠藤克弥・西岡正子共著，実教教育出版，1997年
・『生涯学習概論』大堀哲編集，樹村房，2006年

第7章
各教科・外国語活動・総合的な学習の時間および特別活動等における道徳教育
―全教育活動における道徳教育とは―

学校における道徳教育は学校の教育活動全体を通じて行うものですから，各教科，外国語活動，総合的な学習の時間および特別活動において道徳教育が実施されるわけであります。この道徳教育は道徳の時間の指導とは異なり，各教科，外国語活動，総合的な学習の時間および特別活動のそれぞれの特質に応じたものとなります。そこで，各教科等の特質をどう考えるかという問題になります。学習指導要領により，各教科等は，(1) 目標，(2) 内容，(3) 指導計画の作成と内容の取り扱いによって構成されておりますから，この教科の構成そのものを熟知する必要があります。くわえて，教科ごとの学習指導を展開するわけでありますから，この(1) 目標，(2) 内容，(3) 指導計画の作成と内容の取り扱いに基づく学習指導にも各教科等の特質を把握します。その特質をふまえた道徳教育を展開することとなります。

また，指導にあたる教師の特質ということも考えられます。教師が自己の特質をよく自覚して指導にあたることが肝要です。

1 各教科・外国語活動・総合的な学習の時間および特別活動等における道徳教育の基本方針

そこで，各教科，外国語活動，総合的な学習の時間および特別活動において実施する道徳教育の基本的な方針を考えます[(1)]。

⑴ 教師と児童の信頼関係と児童相互の人間関係の充実を図る

まず，道徳教育は自分と社会へ対するモラルつまり自分の精神的な態度の問題ですから，それは主に人間関係から生まれます。教師と児童のみならず児童相互の人間関係を深めることが重要です。いじめなどが起こらない学級や学校を築きます。

⑵ 各教科，外国語活動，総合的な学習の時間および特別活動の特質に応じた道徳性の育成を図る

ここでは，各教科等の特質をどう押さえるかが肝心です。各教科等にはその教科等の固有な目標と内容があり，それに基づき教育活動が展開されます。この目標，内容および教育活動に特質を見いだします。その目標の実現を図る教育活動が，豊かな人格形成にかかわります。したがって，各教科等の目標の実現を図る教育活動とともに，道徳性の育成を図ります。これが各教科等の特質に応じた道徳教育となるわけです。

⑶ 豊かな体験活動の充実と自らの生き方の自覚を深める

人間はどこで道徳性を獲得するのでしょうか。それは日々の生活のなかから学びます。この日々の生活が充実しておれば望ましいのですが，近代文明の発達した今日，体験が不足となりがちです。そこで，学校で体験活動を実施します。さまざまな体験活動がより豊かで，充実していればそれが道徳性の育成につながります。

また，その体験活動から道徳性の育成を考えると，豊かな体験を十分に味わい，しかるのち，自らの体験をふりかえり，思考により内面化します。そして，自己の個性や願いなどから自分の生き方を考え，将来につなげます。自己の生き方の自覚を深めるわけであります。

(4) 社会生活上のルールや基本的なモラルについての指導を充実させる

人はみな自分の願いをもっています。この願いがすべて実現すれば問題はありませんが，現実の社会は時間的，物理的，経済的等さまざまな制約があります。たとえば，椅子が一つしかないのに座りたい人が三人いたとします。どういう風に座るのか決め事が必要となります。規則，ルールの制定です。このように，多くの人々が社会のルールの存在や意義を知り，尊重することが必要となります。そして，それは自分のモラルの問題としてとらえます。豊かな体験を通して，社会生活に存在するルールを自己のモラルとして身につけるための指導が必要です。

(5) 学級や学校の環境の充実・整備による指導を充実させる

児童・生徒は学級や学校で毎日の学校生活を送っています。この学校生活から知らず知らずに心に影響を受けます。ですから，好ましい影響を受けて，自分の将来に結びつくことが期待されます。児童・生徒の教育環境が重視されるわけであります。

環境の第一は(1)で述べた人間関係です。これが最も重要です。教師と児童・生徒，児童・生徒相互の人間関係です。ここから影響を受け，学ぶからです。これを充実させることが肝要です。

第二は物的環境です。教室や学校が明るく，希望に満ちておれば，自からそれを受け入れ，明るさや希望が身についてくるでしょう。整理整頓や安全，快さ，あたたかさ，安心，心の安らぎ等の環境が用意されるとよいでしょう。また，児童・生徒が自ら教育環境にかかわり整備する必要があります。

(6) 家庭や地域社会との連携による指導を充実させる

児童・生徒が生活する場は，学校だけではありません。家庭や地域社会で生活します。ですから，児童・生徒が生活を送る場にかかわる人々が考え方を合わせて指導することができればより効果を生み出します。たとえば学校で挨拶をしましょうと指導をします。家庭では挨拶をしません。まして，地域社会は知らんふりです。これでは，挨拶することが本当に身につきません。学校が発信することから，家庭も地域社会も挨拶運動を展開し，児童・生徒に挨拶が身についていきます。

2 各教科における指導

⑴ 国　語

国語の目標は国語に対する関心を高め国語を尊重する態度を育てる，ことであります。国語を尊重するとは，言葉遣いを正しくするとか，乱暴な言葉遣いをしないとか，文字を丁寧に書くとかがあげられます。言語そのものと言語文化の学習となります。これが国語の特質となります。この特質に応じて道徳性を育てます[(2)]。

⑵ 社　会

社会の目標は公民的資質の基礎を養う，ことであります。公民的資質には，国土と歴史に対する理解と愛情，国際社会に生きる民主的，平和的な国家・社会の形成者となることであり，その基礎でありますから，国土や歴史に対する理解や民主的なものの考え方，平和な社会や国家，世界を築く考え方の育成にあります。わが国の伝統や文化を学びます。このことをふまえると公民的資質と道徳性を保持した人間とは重なる部分が多くあります。社会の指導を充実させると結果的に道徳指導に結びついてきます[(3)]。

⑶ 算　数

算数の目標は数理的な処理のよさに気づき，進んで生活に生かそうとする態度を育てる，とあります。数理的な処理のよさが重要です。時間や金銭，それらはみな数理的に処理されます。そのことを尊重することが人々をトラブルから遠ざけます。この数理的処理に応じて道徳的価値の自覚を深めることが肝心です[4]。

(4) 理　科

理科の目標は科学的な見方や考え方を養う，とあります。科学的とは対象を客観的に把握して，そこにある法則性を見いだすことであります。ですから，物事を客観的に見るとか，考えるとか，規則性を発見するとかが大事となります。対象を生命や地球で扱い，客観的に把握し法則性を見いだすことに応じて，道徳性を追究します。生命や地球を尊重する考えは道徳的な人間に通じるものであります。人間は心が大切ですが同時に科学も重要です[5]。

(5) 生　活

生活の目標は自立への基礎を養うことです。自立とは人々や社会に関心をもち，自分や自分の生活について考え，その過程における生活上必要な習慣や技能を身につけることであります[6]。

(6) 音　楽

音楽の目標は音楽活動の基礎的能力を培い，豊かな情操を養う，とあります。音楽づくりや音楽文化の学習を通しての豊かな情操は道徳的心情につながる重要な心のあり方の問題です。豊かな情操が人々を豊かな生活に導きます[7]。

(7) 図画工作

図画工作の目標は造形的な創造活動の基礎的な能力を育て，豊かな情操を養う，とあります。創造活動といい，豊かな情操といい，それらは人々が豊かに生きるための基礎となります。造形体験や美術文化を通しての豊かな情操は道徳教育における道徳的な心情に深くかかわります[8]。

(8) 家　庭

家庭の目標は家族の一員として生活を工夫しようとする実践的態度を育てる，とあります。生活の工夫は人の生き方を考える道徳の重要な関心事であります。自己と家庭，家庭と社会とのつながりを学ぶ人の生き方は道徳教育に深く結びつきます。そして，実践的態度とは実際に行うことにつながる態度のことです。道徳的実践力とも関係してきます[9]。

(9) 体　育

体育の目標には健康の保持や体力の向上を図り，楽しく明るい生活を営む態度を育てる，とあります。健康の保持，体力の向上は人間存在の基盤となります。体力づくりや健康・安全の学習は人間の存在に欠かすことはできません。そして，その基盤の上に立ち，明るい生活を営むこととあります。一日一日を生きる人間にとって，明るい生活は無視できない事柄です。この体育の特質に応じた道徳教育を実施します[10]。

以上のように，各教科の特質を把握し各教科の特質を押さえ，その特質を学習する過程のなかで，道徳教育を実践することが各教科に特質に応じた道徳教育となります。

3　外国語活動における指導

外国語活動の目標は，外国語を通じて，言語や文化について体験的に理解を深め，積極的にコミュニケーションを図ろうとする態度を育成し，外国語の音声や基本的な表現に慣れ親しませながら，コミュニケーション能力の素地を養う，とあります[11]。

(1) 日本と外国との言語や文化についての理解を深める

人は言語を使って生活しています。その言語は国によって異なります。また，

小学校における各教科等の目標

〔国　語〕 国語を適切に表現し正確に理解する能力を育成し，伝え合う力を高めるとともに，思考力や想像力及び言語感覚を養い，国語に対する関心を深め国語を尊重する態度を育てる。	**〔家　庭〕** 衣食住などに関する実践的・体験的な活動を通して，日常生活に必要な基礎的・基本的な知識及び機能を身に付けるとともに，家庭生活を大切にする心情をはぐくみ，家族の一員として生活をよりよくしようとする実践的な態度を育てる。
〔社　会〕 社会生活についての理解を図り，我が国の国土と歴史に対する理解と愛情を育て，国際社会に生きる平和で民主的な国家・社会の形成者として必要な公民的資質の基礎を養う。	**〔体　育〕** 心と体を一体としてとらえ，適切な運動の経験と健康・安全についての理解を通して，生涯にわたつて運動に親しむ資質や能力の基礎を育てるとともに健康の保持増進と体力の向上を図り，楽しく明るい生活を営む態度を育てる。
〔算　数〕 算数的活動を通して，数量や図形についての基礎的・基本的な知識及び機能を身に付け，日常の事象について見通しをもち筋道を立てて考え，表現する能力を育てるとともに，算数的活動の楽しさや数理的な処理のよさに気付き，進んで生活や学習に活用しようとする態度を育てる。 **〔理　科〕** 自然に親しみ，見通しをもって観察，実験などを行い，問題解決の能力と自然を愛する心情を育てるとともに，自然の事物・現象についての実感を伴った理解を図り，科学的な見方や考え方を養う。	**〔道　徳〕** 道徳教育の目標は，第1章総則の第1の2に示すところにより，学校の教育活動全体を通じて，道徳的な心情，判断力，実践意欲と態度などの道徳性を養うこととする。 道徳の時間においては，以上の道徳教育の目標に基づき，各教科，外国語活動，総合的な学習の時間及び特別活動における道徳教育と密接な関連を図りながら，計画的，発展的な指導によってこれを補充，深化，統合し，道徳的価値の自覚及び自己の生き方についての考えを深め，道徳的実践力を育成するものとする。
〔生　活〕 具体的な活動や体験を通して，自分と身近な人々，社会及び自然とのかかわりに関心をもち，自分自身や自分の生活について考えさせるとともに，その過程において生活上必要な習慣や技能を身に付けさせ，自立への基礎を養う。	**〔外国語活動〕** 外国語を通じて，言語や文化について体験的に理解を深め，積極的にコミュニケーションを図ろうとする態度の育成を図り，外国語の音声や基本的な表現に慣れ親しませながら，コミュニケーション能力の素地を養う。
〔音　楽〕 表現及び鑑賞の活動を通して，音楽を愛好する心情と音楽に対する感性を育てるとともに，音楽活動の基礎的な能力を培い，豊かな情操を養う。	**〔総合的な学習の時間〕** 横断的・総合的な学習や探究的な学習を通して，自ら課題を見付け，自ら学び・自ら考え，主体的に判断し，よりよく問題を解決する資質や能力を育成するとともに，学び方やものの考え方を身に付け，問題の解決や探究活動に主体的，創造的，協同的に取り組む態度を育て，自己の生き方を考えることができるようにする。
〔図画工作〕 表現及び鑑賞の活動を通して，感性を働かせながら，つくりだす喜びを味わうようにするとともに，造形的な創造活動の基礎的な能力を培い，豊かな情操を養う。	**〔特別活動〕** 望ましい集団活動を通して，心身の調和のとれた発達と個性の伸長を図り，集団の一員としてよりよい生活や人間関係を築こうとする自主的，実践的な態度を育てるとともに，自己の生き方についての考えを深め，自己を生かす能力を養う。

（『学習指導要領　平成20年』文部科学省，2008年）

人の生き方から文化が生まれます。異なる言語や文化について，理解を深めることは，道徳の内容の主として集団や社会とのかかわりに関することと重なります。国際化の時代のなかで，外国の人々や文化を理解し，大切にすることが外国語活動の特質となります。

⑵ コミュニケーション能力や態度

人は人と出会い，触れ合い，ともに生きています。人と人との触れ合いにはお互いの意思疎通が必要です。コミュニケーションを図ることです。このコミュニケーションには言語や文化が深く関与してきます。道徳の内容では主としてほかの人とのかかわりに関することと重なります。主に日本人を想定して考えられている内容を広く外国の人まで広げ，人とのかかわりを深めることが外国語活動の特質と考えられます。

人とのかかわりにおけるコミュニケーションや日本と外国の言語や文化について，尊重し，その能力を高めることを特質ととらえ，外国語活動における道徳の指導とします。

4 総合的な学習の時間における指導

総合的な学習の時間のねらいは，次の三つであります。

⑴ 自ら課題を見つけ，自ら学び，自ら考え，主体的に判断し，よりよく問題を解決する資質や能力を育てること。

⑵ 学び方やものの考え方を身につけ，問題の解決や探究活動に主体的に，創造的に取り組む態度を育て，自己の生き方を考えることができるようにすること。

⑶ 各教科，道徳および特別活動で身につけた知識や技能等を相互に関連づけ，学習や生活において生かし，それらが総合的に働くようにすること。

したがつて，問題解決力や自己の生き方，総合的に働くことなどは，道徳のめざす道徳性の育成および道徳的実践力，道徳的実践と深くかかわるものであり，緊密に連携することがより道徳性をはぐくむこととなります[12]。

5　特別活動における指導

特別活動の目標には集団の一員としての自覚を深め，協力してよりよい生活を築こうとする自主的・実践的態度を育てる，とあります。特別活動は為(な)すことによって学ぶといわれます。実際の学級や学校の生活を基として，自主的・実践的によりよい生活を築くものであります。道徳の内容の主としてほかの人や集団と深くかかわることとなります。ですから，主に考える道徳と主に行う特別活動をともに学ぶことが大切であります[13]。

(1) 学級活動における指導

学級活動の指導は学級を単位として，学級や学校の生活の充実と向上を図り，健全な生活態度の育成にあります。学校生活では子どもたちは学級で多くすごします。したがって，学級における健全な生活態度の育成は道徳教育の基盤となります。

(2) 児童会・生徒会活動における指導

児童会・生徒会活動は全校の児童・生徒をもって組織する児童会・生徒会において学校生活の充実と向上を図るため諸問題を協力して解決を図るためのものであります。人間は現実には集団や社会をつくって生きております。その生きることを学校という組織的な集団で実践的に行うことは，つまり，一人ひとりの子どもの心を実際の生活で育てることになります。

(3) クラブ活動における指導

小学校のクラブ活動は主として４年生以上の同好の児童をもって組織するク

ラブにおいて，共通の興味・関心を追求します。ここでは，信頼や友情，チームワークなどが学ばれます。そして，それは道徳的実践そのものであります。

⑷ 学校行事における指導

学校行事は学校生活に秩序と変化を与え，集団への所属感を深め，学校生活の充実と発展に資する体験的な活動であります。

① **儀式的行事**　学校生活に変化や折り目をつけ，厳粛で清新な気分を味わい新しい生活への動機づけとなるような活動を行います。礼儀やマナーを学ぶよい機会となります。また，道徳的な態度を実践する場ともなります。

② **学芸的行事**　平素の学習活動の成果を生かして，その向上の意欲を一層高めるものであります。ですから，そこに見られる子どもたちの姿は実に道徳的であるし，ときには感動的でもあります。学芸会や文化祭の劇や作品づくりや鑑賞が子どもの心を育てます。

③**健康安全・体育的行事**　健康安全・体育的行事は健康の保持増進，安全な行動や規律ある集団行動，責任感や連帯感の涵養などを図る活動です。ですから，道徳教育の考える内容の安全や責任，粘り強くやり遂げるがんばりなどと深くかかわるものであります。

④**遠足・集団宿泊的行事**　見聞を広め，自然や文化などに親しみ，集団生活のあり方や公衆道徳などの体験を積むことであります。ですから，道徳教育として考えれば，集団のなかでの自分のあり方や公衆道徳などを実際に学ぶ場となるわけであります。

⑤**勤労生産・奉仕的行事**　勤労の尊さ，生産の喜びや，ボランティア活動など社会奉仕の精神を涵養する体験が得られるものであります。ボランティア活動をはじめとする社会奉仕の精神の育成は道徳教育において重要な内容であります。

6　生徒指導における道徳指導

生徒指導は学校の教育目標を達成するために機能として働くものであります。その原理として，次のように『生徒指導の手引』に示されております[14]。

⑴ 生徒指導は，個別的かつ発達的な教育を基礎とする。

⑵ 生徒指導は，一人一人の生徒の人格の価値を尊重し，個性の伸長を図りながら，同時に社会的な資質や行動を高めようとする。

⑶ 生徒指導は，生徒の現在の生活に即しながら，具体的，実際的な活動として進められるべきである。

⑷ 生徒指導は，すべての児童・生徒を対象とするものである。

⑸生徒指導は，統合的な活動である。

したがって，実際の生徒指導において，現実の児童・生徒その人を指導する生徒指導と生徒の内面を指導して価値観を形成する道徳教育が合い補い，人格形成に向かうものとなります。実際の生活を指導する生徒指導と生活する人の心を育てる道徳教育が相まって，よりよい人間形成となるわけです。

7　人的・物的教育環境の整備

⑴ 人的教育環境の整備

教育は人格の形成でありますから，指導者としての教師の人格と学ぶ児童の人格が出会い，触れ合い，感化し，感化されることのなかから，培われてきます。したがって，人との出会いや人間関係が最も意味ある教育環境であります。これを整備するのが児童・生徒の心を豊かに育てることとなります。

①　**人間関係の深化**　　そこで，心がけることとして，人間関係の深化があります。人間関係を深める指導です。さまざま考えられますが，やはり，その人のよさを発見し，広める指導が有効です。たとえば，花咲山を取り上げて，

よいことをしたらクラスに花が咲くとして，実践するのも有効でしょう。級友の行動をよく見て，自分をふりかえることとなります。

② 言語関係の整備　言語環境は国語で取り上げることでありますが，学級や学校全体で，正しい言葉遣い，人権の尊重，相手を思いやる言葉遣いなど，表現や理解，話し言葉，書き言葉すべてについて指導を徹底する必要があります。

③ コミニューションン能力の育成　人間関係のトラブルを考えると，そこに意思疎通の悪さを発見します。相互の思いが十分伝え合っておりません。したがって，コミュニケーション能力の育成がより豊かな心の育成につながります。

⑵ 物的教育環境の整備

物的環境の整備が知らず知らずのうちに，子どもの心を育てます。とかく，人間関係に目が行きがちですが，忘れてはいけない教育環境整備です。

① 教室環境の整備　学校教育を実践する学校において学校教育目標を児童・生徒に周知します。学級の正面に学校教育目標が掲げられております。そして，それが長く児童・生徒の心に残るように整備します。

② 学校環境の整備　学校は地球上で一番美しいところです。東京23区のある区長がいつも話しておりました。学校が一番美しいから，心の美しい児童・生徒が育つという考えであります。建物の美しさもありますが，より重要なのは学校のもつ雰囲気です。つまり，校風です。よき校風ができあがってくると，子どもの心に大きく影響します。疎かにできない環境整備であります。

注

⑴ 『小学校学習指導要領　平成20年』 文部科学省，2008年，pp. 99-101
⑵ 同上，pp. 18-33
⑶ 同上，pp. 34-42

⑷　同上，pp. 43-60
⑸　同上，pp. 61-71
⑹　同上，pp. 72-74
⑺　同上，pp. 75-82
⑻　同上，pp. 83-87
⑼　同上，pp. 88-91
⑽　同上，pp. 92-101
⑾　同上，pp. 107-109
⑿　同上，pp. 110-111
⒀　同上，pp. 112-115
⒁　『生徒指導の手引き（改訂版）』文部省，1992年，pp. 78-81

参考文献

- 『学級担任の責任』 古島稔著，第一法規，1975年
- 『これからの生活指導・家庭訪問』 相川高雄著，第一法規，1978年
- 『臨床心理学からみた生徒指導・教育相談』 川島一夫・勝倉孝治著，ブレーン出版，2004年
- 『生徒指導の新展開』 岩城孝次・森嶋昭伸編著，ミネルヴァ書房，2008年
- 『道徳教育読本』 教育開発研究所，1984年
- 『児童生徒の心に響く道徳教育推進事業研究集録』 札幌市立旭小学校，2003年
- 「平成17年度　教育計画」 墨田区立錦糸中学校
- 「平成17年度年間指導計画」 江戸川区立葛西第二中学校
- 「平成9・10年度　研究紀要」 千代田区九段小学校
- 「平成6・7年度　文部省道徳教育推進校　研究紀要」 足立区立梅島小学校

第8章
道徳の時間の指導
—道徳の時間ではどのような指導を行うのか—

1　道徳教育の要としての道徳の時間

道徳教育は学校教育全体で行うものであります。そのなかで，とくに教育課程に道徳の時間が週1時間設定されている現状をふまえると，この週一時間の道徳の時間を要として児童・生徒の道徳性を育成することとなります。学校の道徳教育に計画性を与え，同時に全教育活動で行う道徳教育を機能させるために，要としての道徳の時間を重視する必要があります[(1)]。

2　全教育活動で行う道徳教育と道徳の時間との関連

児童・生徒は学校生活において，毎日さまざまな道徳教育を，全教育活動を通じて受けています。この全教育活動を通じて毎日受けるさまざまな道徳教育を補充，深化，統合し，道徳性を育成するため道徳教育の要として道徳の時間が週一時間設定されております。この道徳の時間の充実がモラルを確立し，自分の未来を切り開き，倫理観や規範意識など社会に対する基本的な態度を形成するうえで，きわめて重要となります。

全教育活動で行う道徳教育と道徳の時間の指導が道徳教育の二つの柱であります。この両者の関係は，はじめに全教育活動で行う道徳教育が考えられます。そして，つぎにこれを充実するために道徳の時間があると考えます。さらに，道徳の時間の指導が全教育活動での道徳教育に生かされる必要があります。

つまり，全教育活動で行う道徳教育に始まって，これを道徳の時間の指導の充実に結びつけ，その成果が再び全教育活動で行う道徳教育の充実につながるというスパイラルな図式が成り立ちます。この循環が円滑に行われることが大切であります。

3　児童・生徒理解と学級経営

道徳教育の目標とする道徳性は児童・生徒一人ひとりの内面に形成されるものであります。したがって，一人ひとりの児童・生徒がどのような人柄なのか，どのような性格なのか，どのような個性なのかなど，教師は十分把握する必要があります。児童・生徒の発言や行動，友人関係，学習態度，学校生活の状況などから，児童・生徒の発言や行動を共感的な態度で受け止め，理解を深めます。そして教師と児童・生徒の人間関係を築きます。この教育的な人間関係を樹立できないと，指導が児童・生徒の内面に届かず，効果の薄いものとなってしまいます。

児童・生徒が教師や友人にこころから学級で自己を開示できる，何でも話し合える学級の雰囲気ができれば，道徳教育の土壌は耕やかされたといえます。学び合い，高め合う学級集団の形成です。

学級に児童・生徒の居場所があり，当該学級への所属感があり，親しい友人が居り，教師に対する尊敬や信頼が形成できる学級づくりを行うことが道徳教育の充実に結びつきます。

まずは，教師と児童・生徒，児童・生徒相互の人間関係と温かな教育環境の整備を行う学級づくり，学級経営が道徳の時間の指導充実の基盤となります[(2)]。

4　道徳の時間の特質

道徳の時間とほかの教科との性質は異なります。各教科は教科内容の学習を目的とします。主に知的な内容の伝授であります。しかし，道徳の時間は，児童・生徒一人ひとりが一定の道徳的価値の含まれるねらいとのかかわりにおいて，自己を見つめ，道徳的価値の自覚および自己の生き方についての考えを発達の段階に即しめ深め道徳的実践力を主体的に身につけていく時間であります。知識のみを主体的に身につけるわけではありません。道徳的な実践力を身につけていく時間であります。これを道徳の時間の特質といいます[3]。

5　学習指導案作成の意図

道徳的価値を児童・生徒に自覚させるためには，まず，児童・生徒が指導すべき道徳的価値に関して，どのような体験を有しているかが把握されねばなりません。道徳的価値が具体的な生活場面で発揮されるものであるからして，具体的な生活場面における価値の追究が有効となります。そして，それを基に，教材を準備し，指導計画を立案し，指導法を駆使して道徳の時間で指導にあたります。

道徳の時間の指導にあたっては，道徳の学習指導案を作成します。学習指導案をなぜ作成するのでしょうか。大きな理由が二つあります。

一つは，指導すべき内容を教師がよく理解し，構成し，指導の統一性やわかりやすさを得るためであります。仮に指導すべき内容がバラバラであったら，その指導を受ける児童・生徒はその指導を十分受け止めることが難しいと考えられます。児童・生徒が指導内容を十分理解できるように，指導のまとまりをよりよく構成しわかりやすく指導するために学習指導の案，つまり，学習指導のプランを作成します。この指導のプランに基づいて実際の指導を展開します。児童・生徒の実態とプランを念頭において，ねらいの達成に向けて指導を展開するのがプロとしての教師の役割です。このことによって，児童・生徒の道徳的価値の自覚を深めます。学習指導案には形式に則ったものや概略を示した略案や１単位時間の展開の細部まで記述した細案等もあります。

二つは，よい授業を成立させる要件は多数ありなかなかそれを制御することに困難が伴います。この要件の多い難しい授業をより充実させるために研究授業や授業研究を行います。研究授業や授業研究において，指導者がどのような考えでどのような指導を展開するのか，その内容を参観者等に知らせる必要があります。授業の概略を参観者に知らせるものであります。

また，学習指導案と授業の実際を記録した授業記録と抽出児童・生徒の記録などがよりよい授業づくりのための研究資料となります。よりよい授業づくりを求めその研究資料として作成します。

6　学習指導案の内容

つぎに，学習指導案の内容です。道徳教育の全体計画や各学年の年間指導計画，学級における指導計画，児童・生徒の実態から，主題を構成します。

主題とは，何をねらいとして，どのような資料を活用するか，構想する指導のまとまりであります。

学習指導案の内容は，① 主題をはじめとして，② 主題設定の理由，③ ねらい，④ 展開，⑤ 時間配分，⑥ 発問，⑦ 予想される児童・生徒の反応，⑧ 指導と評価，⑨ ほかの活動との関連，⑩ 研究主題との関連などとなります[4]。

道徳学習指導案の例

第２学年２組　道徳学習指導案

指導者　教諭　○○　○○

研究主題	一人ひとりの考えを大切にし，価値の内面化を図る指導過程の工夫

1　主題名　　　友達のことも考えて　２－（２）　思いやり・親切
2　資料名　　　くりのみ　　　　　　（出典「のびゆくこころ」日本書籍）
3　主題設定の理由

(1) ねらいとする価値について

１・２年生の内容項目２－（２）は，「身近にいる幼い人や高齢者に温かい心で接し，親切にする」ことを主な内容としている。

集団生活においてよりよい人間関係を築くには，誰に対しても温かい心で接し，親切にすることが必要である。この時期の児童は，誰に対しても親切にしなくてはいけないと頭では分かっているが，実際の場面では，どこでどのようにしたらいいのか分からなかったり，様々な利害関係や好き嫌い等の感情にとらわれ，親切な行為にまでなかなか至らなかったりしている。そこで，相手の立場に立って行動することが親切な行為につながっていることに気付かせるとともに，思いやる心の温かさ，すばらしさに触れ，友達に対して親切にしようとする心情を養うことが大切であると考える。

(2) 児童の実態（男　１７人　女　１６人　計　３３人）

本学級の児童は，明るく快活な子が多い。集団での遊びは活発であるが，自己主張の強い児童も多いため，相手の立場や気持ちを考えられず，けんかになってしまうことがある。一方，泣き出してしまった友達を一生懸命慰めたり，忘れたものを貸してあげたり，図工などで使う材料を分けてあげたり等，分け隔てなく友達に親切にできる児童もいる。

＜アンケート＞　（９月２日実施）

「お腹をすかせて友達と食べ物を探しにいきました。自分だけが食べ物を見つけた帰りに，何も見つけられなかった友達に会いました。友達は自分が食べ物を見つけたことを知りません。あなたは，見つけた食べ物をどうしますか。」

- 自分だけのものにする　…１人
- **後でばれると嫌だから，分ける。…１人**
- **友達も分けてくれると思うから，分ける。…７人**
- **友達もお腹をすかせているだろうから，分ける。…２１人**
- 全部友達にあげる。…３人

アンケートの結果をみると，思いやりの気持ちから分けると答えた児童がほとんどではあるが，中には，自分の利害を考えたり，お互いさまと考えたりして分けるという児童もいる。

そこで，親切な行為とは，相手の立場を推し量り，相手を思いやる気持ちから発するものであることに気付かせたい。さらに，思いやる心の温かさ，すばらしさに触れさせ，友達に対して親切にしようとする心情を養いたい。

(3) 資料について

食べ物を探しに行ったきつねとうさぎ。きつねはどんぐりを見つけ，お腹いっぱい食べた後，残りを隠し，うさぎに「食べ物は見つからなかった」と嘘をつく。一方，うさぎは，やっと見つけた２つのくりのうちの１つをきつねにあげる，という感動的な話である。

うさぎの行動に涙ぐむきつねの気持ちに共感させることで，うさぎの心の温かさ，友達を思いやることのすばらしさに触れさせ，友達に対して親切にしようとする心情を養いたい。

4　主題に迫るために

(1) 価値の内面化を図るための工夫

- ねらいに迫るための資料の扱い方を補助する形で，導入部分に体験を想起できる場面を設定する。

(2) 話し合いを深めるための工夫

- 資料に浸らせ，臨場感をもって主人公の心情を考えることができるようＢＧＭを流し，紙芝居により資料を読み聞かせる。
- 自分の考えを明らかにし，友達の考えと比べることができるようネームプレートを活用し，話し合いを深める手立てとする。また，個々の意見の変容を大切にしたい。

5　他の教育活動との関連

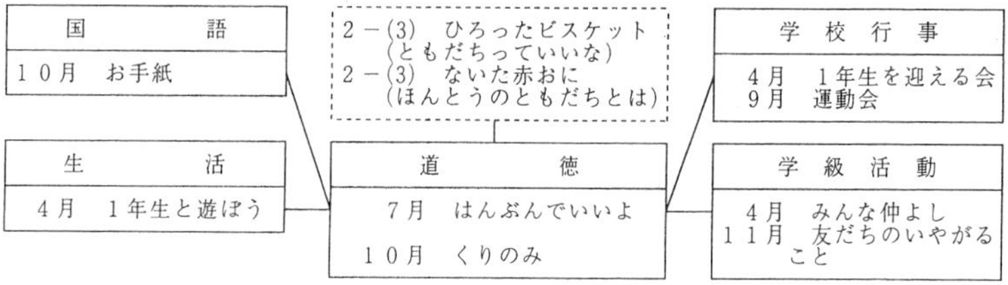

6　本時の指導

(1) ねらい

友達を思いやる心の温かさ，すばらしさに気付き，誰に対しても親切にしようとする心情を養う。

(2) 準備・資料　　紙芝居，きつねとうさぎのお面，どんぐり，落ち葉，くり，ネームプレート
ワークシート，ＢＧＭ用ＣＤ，ＣＤプレーヤー，実物投影機

(3) 事前・事後指導

事前指導	道徳	事後指導
アンケートで価値に対する意識調査をする。	友達のことも考えて「くりのみ」	日常生活における友人関係の観察と親切な行動への賞賛をする。

(4) 展開

児童の活動	主な発問と予想される児童の反応	教師の支援・評価
1　自分だけが食べ物を見つけたときどうするかを考え話し合う。	○　お腹をすかせている時に自分だけが食べ物を見つけたら，どうしますか。 A　自分のものにする。 B　友達と分ける。 ○　どうしてそうするのですか。 Aの理由 ・　自分はお腹をすかせているから。 ・　見つけたのは自分だから。 ・　言わなければばれないと思うから。 Bの理由 ・　後でばれると嫌だから。 ・　友達も分けてくれると思うから。 ・　友達もお腹をすかせているだろうから。	・　導入では，意識調査の際の話を再度聞かせ，そこで考えられる行動について話し合い，子どもの率直な思いを語らせたい。 話「お腹をすかせて友達と食べ物を探しにいきました。自分だけが食べ物を見つけた帰りに，何も見つけられなかった友達に会いました。友達は自分が食べ物を見つけたことを知りません。」 ・　行動を類型化することにより自分の考えをはっきりさせ，ネームプレートを黒板に掲示し，友達の考えとも比べられるようにする。
2　資料「くりのみ」を聞き，話し合う。	○　きつねは，どんなことを考えながら，どんぐりを隠し，うさぎにうそをついたのでしょう。 ・　どんぐりはぼくのものだ。 ・　うさぎさんにとられたら大変。 ・　うさぎさんに内緒にして後で食べよう。 ◎　きつねは，うさぎにしなびたくりのみをもらって，どんな気持ちになったでしょう。 ・　くりがもらえてうれしい。 ・　くりをくれるなんてびっくり。 ・　分けてくれてありがとう。 ・　うさぎさんは優しいな。 ○　きつねは，涙を流しながら，どんな気持ちになったでしょう。 ・　嘘をついて悪かったな。 ・　自分のことしか考えてなくてはずかしい。 ・　うさぎさんはなんて優しいのだろう。	・　児童がきつね役，教師がうさぎ役になり，役割演技することで，きつねのずるさ・欲の深さを感じ取れるようにする。 ・　教師が即興のアドリブを工夫することで子どもの素直な気持ちを引き出し，きつねのうしろめたい気持ちにも触れられるようにする。 ・　ワークシートにきつねの表情を描くことにより，その時のきつねの気持ちを考えられるようにする。 ・　実物投影機できつねの表情を写しながら発表させることで，関心を高め，話し合いを活発にしたい。 ・　きつねの涙はどういう涙なのかを考えられるようにし，きつねの，後悔の気持ち・うさぎの優しさに感動する気持ちに迫りたい。 ㊞評　友達を思いやる心のすばらしさに気付いたか。 （発表・表情・ワークシート）
3　自分について，振り返って考える。	○　最初の話に戻り，今の自分だったらどうするかを考えましょう。 ○　友達にしてあげたことで喜ばれたことはありますか。 ・　忘れた物を貸してあげた。 ・　友達がけがをしてしまったとき，一緒に保健室に行ってあげた。 ・　友達が失敗してしまったとき，慰めてあげた。	・　導入の話にもどり，ネームプレートを移動させることで，児童の道徳的心情の高まりをみる。 ・　発言が少なかった場合は，自分がしてもらったことでうれしかったこと等，発問を変え，なるべく多くの児童に自分を振り返る手掛かりを与えたい。 ㊞評　友達のことを考え，友達に親切にしようとする気持ちが高まったか。 （発表・表情・ネームプレート）
4　教師の話を聞く。		・　温かい雰囲気の中で終われるように配慮する。

（「第37回　関東地区小学校道徳教育研究大会 茨城大会　学習指導案」2003年）

資料の例

くりの　み

　きたかぜの　ふく　はらっぱで，きつねがうさぎに　出あいました。
「うさぎさん，どこへ　いくのですか。」と，きつねが　ききました。
「たべものを　さがしに　いくのです。」と，うさぎは　こたえました。
「わたしも，やっぱり　たべものを　さがしにいく　ところです。」
「うまく　見つかると　いいですね。」と　いって，きつねと　うさぎは　わかれました。
　しばらくして，きつねは　どんぐりを　たくさん　見つけました。
　きつねは，どんぐりを　おなか　いっぱいたべると，どんぐりにおちばをかけ，土を　かぶせて　かくしました。

　かえりみち，また，うさぎに　あいました。
「きつねさん，どうでしたか。」と，うさぎは　きつねに　ききました。
「だめだめ　なんにも　ありゃしない　はらぺこで　しにそうだ。」と，きつねは　こたえました。
「きつねさん，それは　お気のどくですね。それでは，これを　どうぞ。」と　いって，うさぎは，しなびた　くりの　みを　一つ　きつねにあげました。
「やっと　二つ　見つけたので，きつねさんに一つ　あげましょう。」
「えっ。」
　その　くりの　みを　見て　いる　うちに，きつねの　目から，ぽろぽろと　なみだが　こぼれ　おちました。

（『のびゆくこころ』日本書籍）

7　学習指導案作成の手順

⑴ 指導すべき道徳的価値の児童・生徒の実態を把握する

年間指導計画，児童・生徒の日ごろの学校生活，学級での状況などから，指導すべき内容項目にかかわる児童・生徒の実態を把握します。その方法としては，観察，アンケート調査，意識調査，作文などさまざまあります。

⑵ ねらいを設定する

つぎに，ねらいを設定します。ねらいには，道徳的価値と道徳性の諸様相が含まれる必要があります。内容項目の道徳的価値とともに道徳性の諸様相の道徳的心情を高めるためなのか，道徳的判断力の育成を図るためなのか，道徳的意欲および態度の形成を図るためなのかを吟味検討します。

⑶ 資料を吟味する

つぎに，どのような教材を用いるか吟味します。道徳の時間の教材を一般的に資料という呼び方をします。可能な限り教師の授業目的達成に即する資料を用います。

⑷ 指導過程を作成する

つぎに，どのようなプロセスで展開を行うか指導過程を作成します。児童・生徒の立場で考えるならば学習過程です。

⑸ 発問を構成する

つぎに，主な発問を構成します。１時間では三つか四つ程度の主な発問を考えます。その方法としては，順次発問を構成する方法と，まず，中心的な発問を考え，次に，その前後を構想する方法があります。

⑹ 時間配分を検討する

つぎに，時間配分を検討します。おおよそ，導入，展開前段，展開後段，終末で一単位時間の時間（小学校 45 分，中学校 50 分）を配分します。

⑺ 指導と評価の一体化を図る

導入から展開の前段，展開の前段から展開の後段，展開の後段から終末と指導過程の区切りの部分では指導と評価の一体化の観点から学習状況を把握することが有効です。また，発問に対する児童・生徒の反応も十分とらえ，評価する必要があります。

なお，⑴から⑺の項目はほかの項目と密接な関係にあるため，相互に影響しあうこととなります。ここでは，一応の手順として順序性を示しましたが，これを参考として，児童・生徒にとって魅力のある指導案を総合的に作成します。

8　授業実践と授業評価

授業実践は学習指導案に基づき行います。しかし，すべて教師が考えた学習指導案どおりに授業が展開するわけではありません。児童のつぶやきや予想外の発言など，軌道修正の必要もあります。補助発問や咄嗟の対応が求められます。ねらいを忘れずに変化に即したダイナミックな展開が必要です。

よりよい授業の創造のために，授業評価を行ないます[(5)]。

⑴ 何を評価するのか

授業評価では，授業の何を評価するのか明確にします。児童・生徒の道徳性なのか，授業そのものなのか，です。

⑵ 児童・生徒の道徳性の評価

道徳性の評価は，数字による評定にはなじみづらい面があります。したがって，児童・生徒の道徳性の評価においては，人格の基盤としての道徳性であることを念頭において，作文などで成長の喜びをつづるポート・フォーリオの評価を取り入れることが望まれます。

⑶ 授業の評価

道徳の授業評価を行うには，誰が行うのかで，内部評価や外部評価があります。また，評価の観点をどう作成し，どう把握し，授業改善に結びつけるかが問われる視点となります。

⑷ 自己の成長に役立つポート・フォーリオによる評価

評価は愛のメッセージと言われます。とくに，道徳教育においては，人格の基盤としての道徳性を育成するものでありますから，評価に成長の喜びや積み重ね，変容が必要です。数値的な評定はなじみません。授業前の考えと授業後の考えを毎回つづっていくと年間で 35 枚のポート・フォーリオとなります。そこには，その子でしかありえない成長の記録が世界に一つだけのものとして存在します。これがこれからの成長の基盤となります。今後も，評価が成長に結びつく，そのような評価が工夫されるべきと考えます。ポート・フォーリオによる評価は道徳の時間の評価に一つの大きなヒントを与えてくれています。

注

⑴ 『小学校学習指導要領　平成 20 年』 文部科学省，2008 年，p. 102
⑵ 『学級担任の責任』 古島稔著，第一法規，1980 年，pp. 79-82
⑶ 『小学校学習指導要領解説　道徳編　平成 20 年』 文部科学省，2008 年，pp. 79-80
⑷ 同上，pp. 81-83
⑸ 『学級担任の評価の仕事 A～Z』 石田恒好・飯塚駿編，図書文化社，1997 年，pp. 180-185

参考文献

・『学級経営小事典　教室の手帳編』 誠文堂新光社，1965年
・『新学習指導要領Q＆A』 瀬戸真・押谷由夫編集代表，全教図，1988年
・『他の人とのかかわりに関する指導内容』 押谷慶昭編著，文溪堂，1989年
・『思いやりの心を育てる』 押谷由夫・立石喜男編著，明治図書，1991年
・『道徳的価値の自覚を深める発問の工夫』 広瀬久著，明治図書，1994年
・『CD－ROM版小学校道徳教育資料・実践事例集』 ニチブン，2006年
・『道徳の授業をどう創るか－対談・中学校新教育課程』 七条正典・押谷慶昭，明治図書，1999年
・「第37回　関東地区小学校道徳教育研究大会 茨城大会　学習指導案」2003年

第9章
道徳の時間の指導
―模擬授業をとおして学ぶもの―

学級において道徳の時間の指導を実践する場合，その手順を明確にする必要があります。一般的には次の手順に従うと効率的であります。

1　授業実践の手順

(1) 実態の把握

まず，日ごろから児童・生徒をつぶさに観察して，① 児童・生徒や学級のよさを伸ばす視点，② 児童・生徒や本学級の問題点の改善や是正する視点，を明らかにします。そして，観察を累積して，道徳の時間の指導を実践します。

(2) 主題構成

道徳の1時間の授業を実践する場合，学習指導案を立てます。学習指導案には主題を設定する理由を述べます。今，なぜ，この授業を行うかその理由であります。

主題とは道徳の授業を展開する一まとまりと考えます。教科の題材にあたるものであります。主題設定の理由は主に次の3点から述べます。

① **道徳的価値について**　どうして，この道徳的価値を取り上げるのか。この道徳的価値の意義は何かなどであります。

② **児童・生徒の実態について**　取り上げる道徳的価値に即した学級における児童・生徒の実態であります。文章や数値，個表，図表等わかりやすく表

現します。また，肯定面や否定面を双方から考え記述すると二面的となります。

③ 資料について　本資料を取り上げる理由を述べ，資料の要点を簡潔に述べます。

⑶ ねらいの設定

本時のねらいを設定するにあたっては，① 道徳的価値，② 道徳性から設定します。

① の道徳的価値は，学習指導要領「第 3 章 道徳 第 2 内容」のなかから取り上げたものをいいます。

また，② 道徳性では，道徳的心情，道徳的判断力，道徳的実践意欲と態度のどれをねらいとするのかを表わします。

⑷ 授業の展開の構想

① 授業の山場（中心部分）構成　つぎに，授業の展開を構想します。そのためには，本時の中心を明確にします。授業の山場，つまり中心部分の構成であります。そして，道徳の授業は主に教師の発問と児童・生徒の反応により行われるので，基本となる発問を設定します。

② 導入の工夫　そして，その基本となる発問にいたるため，児童・生徒が興味・関心を高めるように授業の導入部分を工夫します。

③ 展開の前段　導入から中心部にいたる道筋を明らかにします。中心部には十分な時間をかけ，児童・生徒の思考がより深まるようにします。

④ 展開の後段　前段は，主に教材とする資料での思考であるので，後段では深まった道徳的価値の視点から自らの生活を見つめます。

⑤ 終末　児童・生徒の心に印象深く残り，のちに生きて働く実践力となるよう深く印象づけます。

⑥ 評価　道徳の授業における評価は二つ考えられます。一つは，ねらいの達成状況であります。ねらいがどのように達成されているのか。また，達成

されていないのかを評価するのです。授業の総括的な評価です。

もう一つは，指導と評価の一体化であります。指導の過程において，一つひとつの学習活動が達成されているのか否か教師が確認し，次へ進むのです。児童・生徒全員をねらいに導くためには，指導と評価が一体化されて授業展開がなされるべきであります。

⑦ **事前・事後指導**　一時間を展開するにあたって，その事前指導や事後指導を構想して記述します。

⑧ **他教科等との関連**　道徳の時間を要として，他教科，総合的な学習の時間，外国語活動，特別活動との関連を述べます。

⑨ **家庭・地域との関連**　指導した内容の広がりを考え，家庭や地域・社会との結びつきを考えます。

⑸ 心に残る授業をめざして

① **資料から**　教材が児童・生徒の心に深く残る場合が多くあります。そこで，心に強く訴える教材を活用します。

② **学習活動から**　児童・生徒の発言がほかの児童・生徒の大きく影響する場合も想定されます。一人ひとりの発言を大切にして，内容の深い話し合いとなるよう工夫します。

③ **教師の説話から**　児童・生徒は担任教師から深く影響を受けます。心に訴える説話を示し，児童・生徒の心に深く残るように工夫します。

2　模擬授業のねらい

この一連の授業構想の手順を頭において，道徳の授業構想にあたります。

新規採用教員として所属校に配置された教師は，当該校の道徳教育を，全体計画に基づき，同僚教師とともに意図的，計画的，組織的，継続的に，児童・生徒の心を育て，保護者・地域社会の期待に応えることが職務内容の一つです。

全教育活動における児童・生徒を指導する力や道徳の時間の指導案の作成，その展開，評価を含む授業力が求められます。

そこで，学生による模擬授業では，① 学生一人ひとりの道徳の学習指導案の作成力をつける，② 指導案に基づく授業の展開力をつける，③ 多様な指導方法を相互に具体的に学ぶために実施します。

くわえて，自己の教師としての資質，姿勢や態度，話し方などを自己認識し課題の発見とその克服のための第一歩とします。つまり，教師としての長い自己成長のスタートとします。

3　学習指導案の提示

⑴ 学習指導案1

はじめに，学習指導案を提示します。本指導案は，東京都江東区小学校教育研究会道徳研究部研究紀要をもとに筆者が加筆したものであります[1]。

小学校　第1学年　道徳学習指導案

研究主題　一人一人の心に響く道徳授業

平成20年○○月○○日
東京都○○区立○○小学校
第1学年1組　男子○○名　女子○○名　計△△名
指導者　○○　○○㊞

1　主題名　正直なこころ　1-⑷　うそをついたりごまかしたりしないで，明るく伸び伸びと生活する。
2　資料名　「きんいろの　クレヨン」
3　主題設定の理由
⑴ ねらいとする道徳的価値について
正直な心で明るく生活する児童を育てることをねらいとして考えた。自分を取り巻く他者との信頼関係を結ぶために大切なことの一つに正直がある。人から信頼を得るためには自分の行動一つ一つが正直であることが求められる。うそをつかないで，

正直に話せば心がすっきりして明るくなり，前へ進むことが出来るだろう。また，人の失敗を責めたり，笑ったりしないで，穏やかな心で明るく生活することの大切さを知らせ正直の大切さを実感させ，うそやごまかしのない心を育てたい。

⑵ 児童の実態

入学して７か月が経ち学校生活にも慣れてきている。そのためか，忘れ物をしても黙っていたり，友達に平気でうそをついたりして，それがトラブルの原因となっている。一年生だから出来ないのは当たり前，でも，悪いことをしたら反省して頑張ることが大事と言い続けてきた。このことを心に十分受け止めている児童も多いが心に響いていない児童もいる。うそをついたり，ごまかしたりする心理には叱られたくない，皆に笑われたくないという気持ちがあるからだろうがうそやごまかしを抱えて生活すると心が暗く負担となる。時には元気や明るさに欠ける姿も見受けられる。

⑶ 資料について

とみこさんとのぼるくんは一緒に絵を描いている。用事でとみこさんが席を外したとき，のぼるくんはきんいろのクレヨンを黙って使ってしまう。のぼるくんはそのきんいろのクレヨンを折ってしまう。このまま黙っていようか，正直に話そうか迷うところにとみこさんが帰ってくる。じっと考えたのぼるくんはとみこさんに謝る。とみこさんも明るい声で許すという話である。

４　研究主題との関連

研究主題「心の響く道徳授業」の心に響くとは，児童の心が動くこと・児童が感動することととらえた。本資料の中には主人公ののぼるくんがとみこさんのきんいろのクレヨンを黙って使い折ってしまい，そのことをとみこさんに正直に言おうか黙っていようか心が揺れ動く場面がある。また，とみこさんが正直に話したのぼるくんを明るく許す場面もある。主人公ののぼるくんに共感させ心の揺れやとみこさんに謝った時，明るく許してもらった喜びを味あわせたい。児童はこの心の揺れや許された喜びに心が動くと考え，心に響いたと考える。

５　研究主題に迫るための工夫

⑴ 文章資料を配布せずに，紙芝居で資料提示する。児童が内容をより理解しやすいように場面絵を用いる。

⑵ 心が揺れる場面では一人一人の児童がじっくり考えるようにワークシートを用いイメージしやすいように吹き出しに記入させる。

⑶ 心が揺れる場面では主人公ののぼるくんに共感させるために，のぼるくんになったつもりでセリフを言う場面を設定した。

⑷ 自分のことを振り返る展開後段では，書き終わった児童から二人組みとなりお互いの体験を伝え合う活動を取り入れる。

６　本時のねらい

⑴ ねらい

うそをついたりごまかしたりしないで，明るく素直な態度でのひのびと生活する心情を育てる。

⑵ 展開

	学習活動 （○主な発問と・予想される指導の反応）	☆指導上の留意点★評価の観点
導入5分	○うそをついてイヤな気持ちになったことはありますか。 ・あんまりない。 ・一度だけうそついた。 ・バレないかハラハラした。	☆人は時としてうそをつくことがあることを知らせる。
展開前段20分	○今日はきんいろのクレヨンを読んで，うそについてどうしたらよいのかを考えます。 ①きんいろのクレヨンを黙って借りたのぼるくんの気持ちはどんなだったでしょう。 ・だまってかりたら悪いかな。 ・とこみさんがいないので，後で言えばいいや。 ・どうしても，きんいろのクレヨンが使いたいなぁ。 のぼるくんはきんいろのクレヨンをとみこさんに黙って使って，折ってしまいました。 ②きんいろのクレヨンを折ってしまったことをいおうか，いうまいか，どうしよう。→ワークシートに記入してください。記入後，発表する。 ・つよくかかなければよかった。 ・ことわって使えばよかった。 ・つかわなければよかった。 ・黙っていればわからない。 ・折ったことがわったら怒るだろうな。 ・正直にあやまろうか。 ③とみこさんにきんいろのクレヨン折っちゃったのだと正直に話したら，いいわ，わざとじゃないんだものと許してくれました。許してもらった時ののぼるくんの気持ちはどんなだったでしょう。 ・許してもらえて嬉しい。 ・やっぱり，正直に言ってよかった。 ・気持ちが軽くなり，スッキリした。 ・明るい気持ちになった。	☆とみこさんがいなくなり，のぼるくんが一人になる感じを出す。黒板にのぼるくんの絵だけをはる。 ☆きんいろのクレヨンの実物を示し，使いたい気持ちにさせる。 ☆実際に折れたクレヨンを示し，箱に戻す様子を演技させる。 ☆どうしょうか，悩むのぼるくんに共感させる。 ☆じっと考えていましたと言うことから，のぼるくんの悩んでいる気持ちを受け止めさせる。
展開後段15分	○のぼるくんみたいに，正直に言えたことがありますか。 ・お兄ちゃんのゲームを勝手に使った。後で言ったら，ゆるしてくれた。 ・当番のしごとやっていないのにやったとうそをついた。 ・ノートを忘れたので，忘れましたと言ったら，ノートを貸してもらえました。	☆身近な生活を見詰めさせる。 気付かなかったら，学校生活の具体例を示す。 ★正直に言うことの大切さに気付いたか。発言，表情，動作から評価する。
終末5分	○先生の子どものころの話をきいてください。 ・正直に話すと，心がすっきりして，明るくなります。 ・自分が困った時は，もう一人の自分が助けるといいと思います。	小学生の頃，教室の後ろの棚にパンを置いて忘れてしまって，先生がだれのですかと聞いたのですが，私ですと言えなかったことを簡潔に話す。

(3) 評価

7　ワークシート

8　資料　きんいろのクレヨン

⑵ 学習指導案2

本指導案は，第32回関東甲信越中学校道徳教育研究大会　茨城大会で提案された学習指導案であります[2]。

指導者　○○　○○教諭

1　主題名　集団生活の向上4-(4) 関連項目2-⑵ おもいやり，2-⑶ 友情

2　資料名　ポケットの貝殻（自作資料）

3　主題設定の理由

(1) ねらいとする価値について

内容項目4- (4) は，「自己が所属する様々な集団の意義について理解を深め，役割と責任を自覚し，協力し合って集団生活の向上に努力する」こととしている。

集団とは，自分が好む人間ばかりで構成されているとは限らない。自己が所属する集団の中で，狭い仲間意識だけが先行すれば，集団の目的やその連帯感は損なわれてしまう。集団生活を向上させるには，その集団の成員一人一人が集団の規則やきまりを守り，積極的に自らの役割や責任を果たすことが必要となってくる。そして，その前提には，やはり成員相互が努めて和を図ろうとする心構えや協力しようとする態度が必要である。そのためには相互の立場を理解し合って，思いやりをもった温かい人間関係を築いていくことが大切である。

(2) 生徒の実態について（男子22人　女子17人　計39人）

本学級は，明るく活発なクラスであるが，時として自分勝手な考え方で行動してしまうことが見られる。ボランティア活動と銘打って活動するときはよく働くが，普段の生活の中ではなかなか生かされず，校内に落ちているゴミにも気付かないのが現状である。

そこで，何事にも集団生活で協力や助け合いが必要であることに気付かせ，道徳的実践意欲を高めさせたい。

(3) 資料について

合唱部にとって最大の目標であるＮＨＫの音楽コンクール。部外の自主的な参加者も加わり，今年は県代表になろうと懸命に練習している。コンクール当日，台風の接近という状況の中で，駅集合時間ぎりぎりに到着した合唱部でない自主的参加の男子5名。部員の怒りをかうが，実は曲の気持ちを理解するために，海に向かい実際に貝殻を拾っていた。その事実を知って合唱部はさらにひとつにまとまっていく。自分の部活動の練習との両立を図りながらも，本気で合唱に取り組もうとしている自主的な参加者の姿と，その気持ちを理解し，一つの曲を完成しようとする合唱部員たちの姿から，自分に与えられている役割や責任を全うすることの大切さや集団生活を向上させていく行動に感銘させ，ねらいに迫りたい。

4　主題に迫るために

⑴ ねらいとする価値に迫るための工夫

- 体験を想起できるように，合唱曲を効果的に活用し，登場人物の行動や気持ちに共感できるようにする。

⑵ 話し合い活動を活発にするための工夫

- 机の配置の形態を半円にし，生徒同士互いに表情を見て話し合いができるように

する。

5　他の教育活動との関連

学級活動	道　徳	学校行事等
4月　中学生としての抱負をもとう 11月　役割と責任を自覚し生活しよう	10月　ポケットの貝殻	9月　部活動新人戦 11月　飛翔祭

6　本時の指導

(1) ねらい

お互いの立場をよく理解し，協力し合って集団生活の向上に努めようとする態度を育てる。

(2) 準備・資料

一般化のためのプリント　発問カード　合唱曲ＣＤ「若葉よ，来年は海へ行こう」ＣＤプレイヤー　心情グラフ　場面絵

(3) 事前・事後指導

事前指導

・共感できる資料を提示し，関心を高める

・合唱についての各自の思いを書く

道徳の時間

・ポケットの貝殻

事後指導

・生活の様々な場面で，学級や部活動における役割と責任を自覚できるようにする。

(4) 展開

主な活動内容	主な発問と予想される生徒の反応	教師の支援・評価㊢
1　合唱曲「若葉よ，来年は海へ行こう」を聴く。	○この歌を聴いてどの様なことを感じましたか。 ・とてもすてきな曲だ。 ・自分たちも合唱で歌いたい。	・曲の内容をおさえながら，資料中の「若山君」の行動に共感できるようにする。
2　資料「ポケットの貝殻」を読み，主人公の気持ちを中心にグループで話し合う。	○自分の部活動だけでも大変なのに，合唱部の練習に自主的に参加している若山たちをどう思うか。 ・自分にはできない。本当に合唱が好きなんだ。 ・両立するのはきっと大変だろう。 ◎まだ，到着していない若山たちを部長の山本と部員たちはどんな気持ちで待っていましたか。 ・もうこないかもしれない。 ・合唱部ではないから，こないのは仕方がない。 ・責任感のある人達だから裏切るわけがない。 ・合唱部の一員として来てくれるはずだ。 ・ ○貝殻を見つめる部長の山本の気持ちはどんな思いでした。	・絵や登場人物名カード等を用いて，あらすじを簡単に確認する。 ・グループでの話し合いを取り入れ，多様な考えに触れさせたい。 ・自分の部活動だけでなく，他の活動にも自分の可能性を見いだそうとする姿勢に共感できるようにする。 ・山本の部長としての発言に注目させ，部員を信じる気持ちと，部長としての役割を果たそうとする気持ちに触れさせたい。 ・補助発問として，貝殻を拾いに行ったことを聞いたときの合唱部員たちの気持ちを聞き，さらに集団の質が高まっていくことをも感じ取らせたい。 ㊢　集団の一員としての責任を果たそうと努力する若山たちに共感

	・目標を達成できた喜び。 ・合唱部員以上に曲を大切に考え，自分のパートに責任をもった若山への感謝。 ・一つのことをみんなで成し遂げることの大切さ。	でき（発表） ・若山たちへの感謝とともに部長として経験したことを今後，生かしていこうとする決意を感じとることができるようにする。 ・山本の気持ちに共感させ，自分の考えをより深めることができるようにする。
3　心のノートを活用し今までを振り返る。	○自分はどんな立場でどんな役割があり，今まで引き受けた中で大変だけど，よかった思ったのはどんなときですか。 ・学級委員長をしている。みんなをまとめる役割がある。 ・家での風呂当番。 ・部活動での1年生としての役割。 ・体育祭の準備を頼まれたことが嬉しかった。	・読み物資料から離れ，自分に目を向けられるようにする。 ・数名の生徒を意図的に指名し，ねらいとする考えを深められるようにする。
4　教師の説話を聞く。		・説話が生徒一人ひとりの心に響くように心がける。

⑸ 評価

・合唱部員と自主的な参加者双方のお互いの立場が理解できたか。

・相互が協力し合って，合唱部の活動を高めようとする態度に学び自らも集団生活の向上への意欲を高める。

⑶ 学習指導案3

本指導案は，第70回日本道徳教育学会における模擬授業の道徳学習指導案であります[3]。

中学校　第1学年　道徳学習指導案

平成19年11月17日
お茶の水女子大学附属中学校
第1学年1組　男子○○名　女子○○名　計△△名
指導者　○○　○○○㊞

1　題材　「“大切な気持ち”を伝える・貫く・受けとめる」を考える

2　題材について

クラスには，まじめで親切な気持ち，少し怠けたい気持ち，ちょっかいを出したい気持ち等様々な気持ちをもった生徒が居る。また，1人の生徒の中でも気持ちが揺れ動いている様子が伝わってくることもある。中学一年生は，新しい環境の中，自分を変えるチャンスであったり，自分の居場所を作るまで葛藤があったりする。秋は，中学校生活に慣れ，緊張感が薄れ，易きに流れやすい時期でもある。そこで，一歩踏み出す勇気や，上手くいかなくても貫こうとする意志や，そんな自分を受けとめられる姿勢が，今後生きていく上で，生徒にとり大切であると考える。そこで，思春期や反抗期を迎えたこの時期に，より身近な「車内で席を譲る」を例に，“大切な気持ち”について考えさせる。部活で疲れて重たい荷物を持って塾の宿題が終わっていない時，本音は座っていたいのだが，さて，どうするか。座席を譲る場面を工夫し，本音を引き出しながら，それでよいのか，揺さぶりをかけ，視野を広げる。重たい荷物を持つのも一つのトレーニング等，発想の転換を図る。そして，日々の学校生活にもその展開が役立てられないか，投げかける。

3　本時のねらい

・多様な友人の意見を聞くことで，視野を広げ，自分の考えを深める。

・物事を前向きに捉え，次の行動につなげる意欲を持つ。

ex.「席を譲って断られても，また次の機会に」「素直な気持ちを，語ろう」

4　本時の流れ

主な活動	内　　容	留意点ほか
1　授業の概略を知る	授業のねらいを確認する	
2　車内で席を譲ることについて考える 3　新聞記事を読み4人グループで討論する。 4　立場グループで意見交換	小学校時代，積極的に席を譲る，または譲られない事が多いと，それぞれの中間，の4種類の立場グループに分かれて，それぞれ自分の考えを発表する。 席を譲る新聞記事を読んだ後，意見交換し，ワークシートに考えを記入する。 グループ代表者が発表する 座席を譲るに関して，出た意見や“親切・大切な気持ち”をテーマに，立場グループで考え，発表し，意見交換を行う。（ex. 余計な親切があるのか，学校生活の一場面として友人の貴重品返却を請け負うか否かを例に考える）	ハイ，チョットハイ，チョットイイエ，イイエを掲示，出来るだけ多くの生徒の声を紹介する 4人グループで机をつけるように促す。活発な活動を促す言葉がけ ハイ，チョットハイ，チョットイイエ，イイエを掲示，できるだけ多くの生徒の声を紹介する
5　本時の学習を確認	2つめの新聞記事を読み，別の意見を知る。前向きな気持ちに向き合うため，ワークシートにて学習の確認をする。	無理に一つの結論に導かない。

学習指導案を提示し丁寧に説明を加えます。

4　学生による学習指導案の作成

提示された学習指導案の説明を受け，学年や実態，資料等を同じと仮定して，各自で学習指導案を作成します。

5 学生による学習指導案の協同作成

つぎに，1グループ6名前後でグループを編成します。話し合いの場所を指示し，司会，記録，授業者を決めます。

自分が作成した指導案を手元にもち，学年や児童の実態，資料等は同じにして，グループで指導案を協同して作成します（p.98-99参照）。

6 学生による学習指導案展開のためのグループ協議

作成したグループの指導案をもとに，展開の方法を話し合います。また，授業者は実際に授業を進める細案を作成します。模擬授業に用いる教材・教具も準備します。完成した各グループの学習指導案は増し刷りして全学生に配布します。

7 グループによる模擬授業

⑴ 模擬授業に対するコメント

グループごとに約10分間ほど順次模擬授業を行います。そして，グループごとに，模擬授業に対するコメントをします。学生の考えを聞くとともに，模擬授業者の声の大きさ，児童を惹きつける話し方，指導者としての姿勢や態度等の教師の基本と同時に，道徳の時間の指導として，指導過程，授業展開や工夫，発問や反応の取り上げ方，話し合い活動，教材等についてコメントします。また，予想しない反応への対応も考えます。

⑵ 学生の疑問に答える

学生はさまざまな疑問をもちます。それに，丁寧に答えます。何を学び，何

グループで作成した学習指導案小学校の例

1学年1組道徳学習指導案

平成○○年○月○日
○○区立△△小学校1年1組
児童数　男子○○名、女子○○名
学籍番号(　　　　　　　　　)
指導者名＿＿＿＿＿＿＿＿＿＿

1　主題名　(略)
2　主題設定の理由(略)
3　本時のねらい　**正直にあやまる大切さを知り、誠実で素直な心情を育てる。**
4　指導上の工夫(略)
5　本時の展開

	児童の主な学習活動	○主な発問・予想される児童の反応	○指導上の留意点　☆評価
導入	1 教師の話を聞く。 教師が心に残っている子どものころの話をする。	○これまでの自分を振り返る。 ・後悔している。 ・どうすればよいか分からない。	○まずかった心に引っかかっていることを話す。
展開	2　資料「きんいろのクレヨン」を読んで話し合う。	○のぼる君のいけなかったところはどこだろう。 ・クレヨンを黙って借りた。 ・黙っていようと思ったところ。 ○　のぼる君は、じっと何を考えていたのだろう。 ・　あやまろうか。 ・　あやまらないか。 ・　どうしょうか。 ○あやまらない気持ちは、何だったのだろう。 ・怒られる。 ・嫌われるかも。 ○　のぼる君は、どうしたのかな。 ・　あやまった。 ○　とみこさんは、どうしたの。 ・許してあげた。	○黒板にてんびんの絵を貼る。 ○　てんびんの上にカードを貼っていく。 ○　二つの気持ちに揺らぐのぼる君を想像させる。 ○　カードに記入させる。 ☆あやまる気持ちになったか、確認する。
終末	3　まとめ	○　正直に言うことの大切さがわかったかな。 ・正直に言うと、自分も相手も気持ちがいいよね。	○数名発表させる。

6　評価
○自分の失敗を隠すことなく、正直で誠実である大切さに気付くことができたか。
○他人の意見を聞くことができたか。

グループで作成した学習指導案中学校の例

１学年４組道徳学習指導案

平成○○年○月○日
○○区立△△中学校１年４組
生徒数　男子○○名、女子○○名
学籍番号(＿＿＿＿＿＿＿＿＿)
指導者名＿＿＿＿＿＿＿＿＿＿

1　主題名　(略)
2　主題設定の理由(略)
3　本時のねらい　個々が役割と責任を自覚し、集団生活の向上に努めようとする態度を育てる。
4　指導上の工夫(略)
5　本時の展開

	生徒の主な学習活動	○主な発問と・予想される生徒の反応	○教師の支援　☆評価
導入	1　合唱曲を聴く。	○ この曲を聴いて、どのようなことを感じたか。 ・ きれいなメロディーだ。 ・ いい歌詞だな。 ・ 自分達も歌ってみたいな。	○個々のもつイメージを膨らませてあげる。
展開	2　資料「ポケットの貝殻」を読んで話し合う。	○ 若山君たちを待っている、合唱部員達の気持ちはどうだったのか。 ・ もともと部員じゃないし、本当に来るのだろうか。 ・ 遅れてもきっと来るはずだ。 ○ 貝を拾いに海に行った５人の気持ちをどう思うか。 ・ 合唱部のために頑張ってくれた。 ・ 自分たちと同じ気持ちだった。 ・ 何も知らずにひどいこと言ってごめん。 ○ 若山君たちから貰った貝殻を見ながら部長の山本さんの気持ちはどうだったのか。 ・ 泣き出しそうになるくらい嬉しかった。 ・ ５人のおかげで念願の県代表になれた。	○登場人物やあらすじを確認する。 ○個人の意見発表の場やグループ活動を取り入れ、個々の考えを理解させる。 ○部員と同じくらいに真剣に取り組み、努力している若山君達に共感させる。 ☆全員自分の考えをもてているか確認する。 ○集団生活では、個々の努力や行動が一段とよいものなることを気付かせる。
終末	3　感想文を書く。	○ 今までの経験を通して、これから活かしていきたいことを考える。 ・ 部活動での活動 ・ 学級での係り活動	○自分の現在の立場に立って考えを深める。

6　評価
○一人ひとりの役割と自覚が集団を向上させることに気付いたか。
○自分の考えを発表できたか。

が課題か明らかにします。

注

⑴『平成 18 年度　研究紀要』 江東区小学校教育研究会道徳研究部，2007 年，pp. 34-44
⑵『かがやけ　みらい１』 学校図書，辰野千壽監修，pp. 98-99
⑶『第 32 回関東甲信越中学校道徳教育研究大会　茨城大会　学習指導案』 2003 年，pp. 59-64
⑷『日本道徳教育学会　第 70 回平成 19 年秋季大会　発表要旨集録 』 日本道徳教育学会，p. 17

参考文献

・『平成 18 年度　研究紀要』 No. 24，東京都江東区小学校教育研究会道徳研究部，2007 年
・『平成 19 年度　研究紀要』 東京都江東区小学校教育研究会道徳研究部，2008 年

第10章
道徳教育の家庭・地域社会との連携
―家庭・地域社会と力を合わせて―

道徳教育は，学校の教育課程に位置づく正規の教育活動であります。この教育活動をさらに充実させるため，学校から家庭や地域社会へ各種情報を発信して，連携協力を深めると，道徳教育の目標である児童・生徒の道徳性や道徳的実践力の育成，学校教育の果たす機能としての望ましい人格形成がより図られます。ここに家庭・地域社会との連携の意義があります[1]。

1　道徳教育の家庭との連携

児童・生徒は家庭，学校，地域社会で生活しております。したがって，家庭，学校，地域社会と相互に連携し一貫した考えに立つならば学校で行う道徳教育のさらなる充実が図られます。

また，児童・生徒は家庭で身につけた道徳性をもって学校に入学してきます。学校で学び，やがて卒業し将来社会のなかで生きていきます。家庭や学校で身につけた道徳性や人間形成が地域社会で発揮されます。この意味において，学校と家庭，地域社会は深く結びついております。そのために，学校は家庭の道徳教育を理解し，家庭に学校で行う道徳教育を理解してもらい，連携・協力を図ることがより有効となります。

たとえば，夏休み明け，校門で登校する児童に朝の挨拶をしている校長先生が児童の挨拶の声が出ないと，言っておりました。1学期の終わりには元気に挨拶できた子どもたちが2学期早々に挨拶ができません。多分，休み中に家庭で挨拶をしてこなかったからと考えられます。ですから，挨拶の定着のために，学校が発信して，学校・家庭双方から，児童・生徒に働きかけることが連携の効果となります。

さらに，道徳性の育成は豊かな体験に基づきます。豊かな体験を内面化することによって，より育成されます。しかし，学校で行う体験活動には時間的な制約があります。長期休暇などを活用した家庭での豊かな体験が求められます。そして，その体験を学校教育で内面化することで児童・生徒の心をより豊かにはぐくみます。学校と家庭が連携する意義がここにあるわけです。

ここで，家庭における道徳教育の望ましい姿を３点あげます。

第一に，家庭は人間らしい生き方を学ぶ場であります。人は一生に数多くの人と出会い触れ合います。そのなかで，最も重要で影響を受ける存在として親がおります。日々，実際に社会に生きる親の姿こそ最も基本となる人間らしい生き方の姿です。

第二に，基本的な道徳的習慣を身につけます。主体性の育成には説明や納得も必要ですが，習慣は説明や納得だけではありません。朝，起きる，身支度を整える，洗顔する，食事をする，挨拶をするなど説明や納得の部分よりも習慣的に身につけさせることが望まれます。これがよく身についた人の行為は，見ていて美しさを感じさせます。本人も周囲も心楽しいものとなります。

第三に，家庭における豊かな体験です。親子の交流が子どもの心を安定させ，意欲を生み出します。キャンプに連れて行ったり，ドライブしたり，田舎を訪ねたり，お正月やお盆を家族で一緒にすごしたり，さまざまな体験が子どもの心を育てます。そして，子どもの健やかな成長が親の喜びとなります[(2)]。

2　道徳教育の地域社会との連携

今日の核家族化した社会においても，人々は地域社会で生きております。地域社会にはさまざまな人々や集団，多様な活動や文化が存在しています。これらにふれて，体験することが人間的な心を育てます。日々の生活，祭礼やボランティア活動など，多くの人たちが活躍しています。これに参加し喜びを味わうとともに，その意義を学びます。

また，地域社会には今日のわが国の現状が見られます。少子化，高齢化，情報化，国際化これらの現実の姿を目の当たりにすることでしょう。ここでの体験が人格の形成には必要であります。同時に，それが学校教育と結びつきより効果を増すわけです。

また，核家族化の今日，家庭における子どもの数が減少し，保護者が子育てについて自分の親から学ぶ機会が少なくなっています。若い母親の子育ての支援が求められています。学校と家庭・保護者との結びつきをはじめ，保護者相互の結びつき，ときには，父親の参加が幅広い豊かな関係に広がります。ＰＴＡなどを通じて学校の願うイメージを発信しつづける必要があります。

3　家庭・地域社会と連携した道徳教育

(1) 協力体制づくり

体制づくりとして，まず，第一に情報の提供です。学校がリーダーシップを発揮して，道徳教育の意義や方法について，情報提供します。そして，学校と家庭が共通に子どもを育てる認識に立つことです。

つぎに，積極的に交流を図ります。学年ＰＴＡや町会，子ども会など，学校や地域社会が行う活動に学校と地域の両者が参加します。そこで，顔見知りとなり，会話が弾み，人の結びつきができます。学校が行う道徳教育の考え方を示し，理解を得ます。

(2) 実際の活動の工夫

① 道徳の時間の授業公開　　学校公開や授業参観などで，実際に道徳の授業を行います。そして，感想や意見を求めます。家庭で，親子で話し合う材料

を提供するわけです。筆者も校長として道徳の授業を学校公開で行いました。担任が入院したためであります。保護者からの感想として，校長が広い立場から，直に子どもに授業をすると，子どもの心に新鮮に残り，とてもよい試みだとの評価をいただきました。授業をとおして，子ども，教師，保護者が関係を深めます。

② 地域協議会の開催　地域の協議会で道徳教育の現状を報告し，また，授業参観をしてその結果について協議します。このことをとおして，地域や保護者の願い，学校の考えをよく話し合い，将来の児童・生徒の姿に反映させます。多様な考えの交換がより広い豊かな心を育てます。

③ 地域人材の道徳教育への活用　かつて，地域の古老を道徳の授業に参加してもらいました。やはり，その地に長く生活し深くかかわって生きてきた古老には，子どもたちに伝えるべき人間としての蓄積があります。直に子どもたちに語りかけると，子どもたちの受け止めはすばらしいものがあります。それが，地域を知り，愛するきっかけとなります。

⑶ 発達的な活動

① 小学校低学年　低学年児童の家庭，地域社会との連携で重視すべき点は子どもが毎日元気に喜んで学校に通ってくることに重点をおいて連携を図ることであります。とくに，家庭と学校が同じ方向に向かって教育活動が展開できるよう信頼を深める必要があります。そして，義務教育の９年間のスタートとして，規則正しい生活の送り方を定着させることか重要です。教師に対し，また，家庭で自分の考えをよく話せるように育てます。

② 小学校中学年　中学年児童の家庭，地域社会との連携で重視すべき点は友人関係の広がりです。屋外で元気に遊ぶことを求める時期でありますので，遊びの充実をとおして，友人関係や充実感，達成感を味わいます。そして，その遊びを伝えることができるような表現力を育てます。家庭と学校が約束やきまりなど遊びをとおして，児童・生徒一人ひとりに内面化する連携が大切です。

③ 小学校高学年　　高学年児童の家庭，地域社会との連携で重視すべき点は落ち着いて学習に励む態度の形成を育成します。読書とか宿題とかを確実に行い，学習の喜びを味わわせ，学習への意欲を育てます。将来への展望を考える時期でもあります。この方向で，学校と家庭が連携を図ると，充実した学校生活に結びついてきます。

要は一人ひとりの子どもの個性を見抜き，将来どのように自己実現を図るのか，学校と家庭・地域が力を合わせて，人間形成を図るわけであります。とくに，道徳教育では人間性の基盤としての道徳性を育てます。

④ 中学生　　中学生の時期では，生徒のもつよさを地域に広げる活動，地域の伝統や文化を生かす活動，地域の図書館や公民館などを活用した活動，学習支援ボランティアなどとの連携協力をとおして，道徳性をはぐくみます。道徳そのものを取り上げるよりも地域と結びついた活動を展開するなかで，道徳性を育てます。

注

⑴『小学校学習指導要領解説　道徳編　平成20年』文部科学省，2008年，pp. 116-123
⑵『中学校学習指導要領解説　道徳編　平成20年』文部科学省，2008年，pp. 120-128

参考文献

・『小学校　心の響き，共に未来を拓く道徳教育の展開』文部科学省
・『中学校　心の響き，共に未来を拓く道徳教育の展開』文部科学省

第11章
道徳教育の評価と改善
―何をどう評価し改善するのか―

教育評価を考える際に，誰が（評価主体者），何について（評価対象），なぜ（評価目的），どのように（評価方法）評価するのかを明確にする必要があります。

道徳教育では，何についての評価対象を児童・生徒の道徳性と学校が組織的に取り組む道徳教育の二つに大別して評価します。

児童・生徒を対象とした道徳性の評価については道徳の時間の評価の節（第8章8）で述べたので，そちらを参考にしてください。要は成長・発達していく児童・生徒に人格の基盤としての道徳性を培うには，一人ひとりに即したポート・フォーリオによる評価が有効であるということです。なぜならば，今，現在いかに優れた道徳性を有していても，子どもはやがて大人となります。そして，社会で活躍します。その成長した時点で道徳性が身についていることが望まれるからです。人生は山あり谷ありです。それらの困難に立ち向かう自分自身への信頼，つまり，自信が根底になければなりません。その自己への信頼を築くのに有効な方法がポート・フォーリオによる評価です。ポート・フォーリオによる評価は自己の成長や変容，個性を記述し，世界に一つだけの財産を形成します。これが生きる意欲の源となり，生きる希望を与えます。

さて，ここでは学校が組織的に行う道徳教育の評価について考えます。学校が意図的，計画的，組織的，継続的に行う道徳教育の評価です。この評価対象は道徳教育の計画および教師による道徳教育の実践内容です。評価者は教職員および保護者などであります。授業評価に児童・生徒を含めることも忘れてはならない視点です。児童・生徒や教職員は学校の内部と考え，内部評価とします。保護者や地域社会の人々は学校から見て，外部と考え外部評価とします。従前は内部評価を学校評価としてとらえておりましたが，今日外部評価を取り入れて学校教育の改善を図ることが求められています。子どもや保護者・地域，未来に開かれた学校に変容するためであります。

1　道徳教育の指導計画の評価

⑴ 全体計画

道徳教育の全体計画の評価は教職員の学校評価に取り上げ，課題を集約し，改善を図ることです。各学年，道徳部会で原案を作成し職員会議で協議します。

⑵ 年間指導計画

年間指導計画は主題名や資料，教材・教具，指導の時期などを振り返り，出された意見を集約します。

⑶ 学級における指導計画

作成した計画や年度末での評価を担任教師自身が行います。それを，校長に報告し指導を受ける必要があります。

⑷ 学習指導案

研究会や学校公開などで作成した学習指導案を評価します。形式も重要ですが内容面を重視します。そして，可能な改善を図ります。指導力の向上を図ります。

⑸ 授業時数の確保

週案簿に基づき，教務主幹（主任)が集約し，副校長とともに教育課程の管理として，教育委員会への報告資料を作成します[1]。

2 道徳教育の実践の評価

⑴ 授業時数の確保

最低，年間35時間の道徳の時間の実施が保護者に示している学校の教育計画です。全学級で不足の事態が起こらないように，進行管理が求められます。副校長，教務主幹，道徳主任（道徳教育推進教師），学年主任，学級担任が責任をもって確保します。この数字は教育委員会への報告が求められます。

⑵ 授業研究会

道徳の時間の評価を考える際に，数的な把握が必要であるとともに，質的にとらえることを欠かすわけにはいきません。そのために，道徳の時間の授業研究が必要です。教育実習生の研究授業や初任者研修の研究授業，道徳研究部の研究授業，学校公開，道徳授業地区公開講座，校内研究などと組み合わせ，授業を質的に高める研究授業を行い，その評価をします。

3 コンプライアンスの視点

かつて，高等学校における必修教科の履修漏れの問題が表面化したように，学校教育では学習指導要領に基づいて行われているか，どうかが問われます。道徳教育においては，全体計画作成の有無，年間指導計画作成の有無，道徳の時間の指導時数の確保などが当面の課題です。コンプライアンスの視点に立ち，これらを学校として達成するように評価することが重要となります。

⑴ 全体計画，年間指導計画

全体計画の有無，今日，全体計画は多くの学校でできました。次の段階は，全体計画が有効に作用しているかです。活用され，評価され，改善される必要があります。

年間指導計画は，使いやすさや活用の実態などから，改善点を明確にし，次年度につなげます。

⑵ 授業時数

道徳の時間の時数は小学校の 1 年生のみが 34 時間で 2〜6 学年は 35 時間であります。中学生は各学年 35 時間であります。この時数を確保することが必要です。週案簿に基づき進行管理で，確保します。

4　評価から改善へ

⑴ 評価記録の累積

一時の思いつきだけでは質の高い評価にはなりません。気づいたことをよく記録し，累積し，話し合い，改善点に集約します。

⑵ 改善の視点の共有

知っている人は知っているが，知らない人は何も知らないのでは，組織としての学校が十分な機能を発揮しえません。全員に周知する必要性があります。次年度の教育計画に学校評価の結果を掲載し，転入してきた教員も内容がわかるようにします。

⑶ 人間形成のための評価

今日，教育評価を考えると，絶対評価や相対評価，形成的評価などさまざまであります。また，目標による到達度の評価も注目を集めております。道徳教育の目標は人格の基盤の道徳性の育成でありまして，その目的に合致した評価が求められるということです。

したがって，数値による評定はその子にとっての意味をもちません。求められるのは人格形成のための評価です。これは指導と評価の一体化を図り，よりよい授業やよりよい指導を積み重ね，その記録から個性や自己肯定感をはぐくみ，将来に備える道徳性を涵養することです。評価は愛のメッセージといわれるように，教師の深い教育愛が児童・生徒の明るい未来を拓きます。それはまさに教師の評価（教育愛)に基づくものであります。

注

⑴『未来をひらく道徳教育の研究』 中野重人・押谷由夫編著，保育出版社，2002年 pp. 199-203

参考文献

・『小学校学級担任の評価の仕事 A～Z』 石田恒好・飯塚峻編，図書文化，1997年
・『小学校学習指導要領解説　道徳編　平成11年』 文部省，1999年
・『中学校学習指導要領解説　道徳編　平成11年』 文部省，1999年
・『道徳の授業理論』 押谷慶昭著，教育開発研究所，1989年

第12章 道徳教育を担う教師
—教育愛の実践者—

1　信頼され尊敬される教師

道徳教育を担う教師を考える際に，最も基本となることは今日のわが国社会における教師，つまり，近代市民社会の学校教師として信頼され尊敬される教師になるということです。

学校教育の根本に学校と児童・生徒，保護者，社会との信頼があります。学校とはその学校に勤務する教職員ということになります。

まず，第一に信頼される教師になるためには，児童・生徒や保護者，地域の方々の教師に寄せる信頼を裏切らないことです。児童・生徒との約束事を違えてはなりません。約束を破るようでは教師失格です。保護者や同僚との約束もきちっと守る，そういう教師になります。

つぎに，自分を信頼されるにたる教師に，自分で育てていくことです。自らのうちに自分の理想の教師像を描き，その姿に日々接近を図ることです。その理想の描き方として，自分の今まで学んだ先生のなかで一番自分の好きな先生を思い描きます，と同時に現在勤務する学校の最も魅力ある現実の先生の姿をとらえます。そしてこの両面から，自分のあこがれの教師のイメージを描き，それに向かって進んでいきます。そうすることによって，長い年月がやがて自分を理想の教師に接近させてくれます。自らが魅力ある教師に育つことが可能となります。

くわえて，信頼される教師になるのにはコンプライアンスという考えが重要です。法令遵守です。今日，新聞記事の多くにこのコンプライアンスの欠如に起因する事件が掲載されております。とくに，地方公務員法や教育公務員特例法を視野に入れることです。法令を守ることによって信頼を失わないということです。学校教育の基本の教育愛を理性で制御する教師となります。

第二に尊敬される教師になるということです。尊敬される教師とは，まず，人間的な魅力をもつ教師です。人間的魅力にはさまざまありますが，そのうち，オプチミズムがあります。楽観主義です。教育は明日の理想追求ですから，明るいことが必要です。A 教諭は，「社会は必ずよくなっている。ぼくはそう信じていると」述べておりました。よくなっている。よくなれる。それを信ずる。現実には悪くなっているのかもしれません。多分よい面と悪い面との両面でしょう。しかし，教育者はよくなっていると信じる。そして，それを説くことです。この楽観主義，この明るさ，この積極性が必要です。これが人をひきつけます。

くわえて，眼差しの暖かさも身につけるべきでしょう。児童・生徒を見守る目にケンがあったらいけません。たとえ，問題行動が起こったとしても，罪を憎んで，人を憎まず。なぜならば，子どもは失敗しながら成長するからです。子どもを成長させるのが教師の務めです。

たとえ幼児であっても独立した人間としてつき合うことが大切です。それが，自立性をはぐくむからです。

それから，人柄のよさは人をひきつけます。人柄のよさや素晴らしい考えをもつ人に人は集まります。児童・生徒に「ああいう先生になりたい」と思わせます。魅力ある人柄，受容的な態度，親しみのある雰囲気それらが尊敬に結びつきます。

つぎに，専門性をより高めることです。専門性としては，教育職員養成審議会答申[1]で，いつの時代でも変わらず教師に求められる資質能力として，次の六つがあげられております。

① 教育者としての使命感

② 人間の成長・発達についての深い理解

③ 幼児・児童・生徒に対する教育的愛情

④ 教科等に関する専門的知識

⑤ 広く豊かな教養

⑥ 上記の①から⑤を基盤とした実践的指導力

今後，とくに求められる具体的資質能力として，次の三つがあげられております。

ⅰ）地球的視野に立って行動するための資質能力

ⅱ）変化の時代に生きる社会人に求められる資質能力

ⅲ）教員の職務から必然的にもとめられる資質能力

これらをめざし，絶えず努力する姿勢が尊敬を生み出します。

2　教師としての実践的指導力

つぎに，いつの時代でも変わらず求められる資質能力の上記⑥の教師としての実践的指導力を身につけることです。

実践的指導力としては，まず第一に，教師の本務としての授業力です。授業を構想し，展開できる力です。同時に，自分の授業を見つめ改善が図れることが必要です。学び続け，伸びる教師です。

第二に，指導力です。生徒指導や道徳指導，児童・生徒へ対する個別的な指導です。児童・生徒の考えを聴いて，助言をして，理解させ，納得させ，変容させる力です。児童・生徒を育てる力といってもよいでしょう。児童・生徒に内在するよさを引き出す力です。これが大切です。

第三に，組織人としての職務遂行力です。学校は組織体です。この組織として行う学校教育の一翼を担うということです。このためには，主張したり，意見を聞いたり，調整したりする必要があります。会議への資料提出や発言，意見のとりまとめなどよりよい学校教育のための強い改善意欲です。

第四に，コミュニケーション能力です。これは，授業力，指導力，組織人としての職務遂行能力すべてに関係してきます。発言，受けとめ，相互交流，よさの発見，深まりのある良質な関係づくりです。それが必要です。

第五に，事務力です。教師がこなす事務はぼう大です。いかに，効率的に正確に事務をこなし，児童・生徒と向き合う時間を確保するか問われるところです。報告書，調査書，記録簿，出納簿等適切な処理が求められます。これを行なう力です。

さすが学校の先生と思われたら，素晴らしいことです。

3 学び続ける専門職，プロとしての教師

最後に，専門職，プロとしての教師をめざしたいものです。プロフェッショナルですから，自分の専門で報酬を得ている教師です。教師としての姿が長く子どもの心に残り，その子どもの生きる糧になる教師です。なかなか難しいことですが，大学生に思い出の先生を尋ねると心の奥に思い出の教師が存在しています。子どもはやがて大人になります。その大人になる土台づくりとしての学校の教育者としての自覚のもとに，その子の将来を見通して，教育にあたる。そんな本物の教師を子どもは見抜き，自分の心に留めると思います。そのような思い出の教師となれるのならば，それこそ教育愛に基づく 21 世紀の専門職，プロとしての教師ではありませんか。

注

(1) 教育職員養成審議会第一次答申 『新たな時代に向けた教員養成の改善方策について』1997 年

参考文献

・『道徳教育推進状況調査報告書』 文部省小学校課編集，1994 年 8 月
・『道徳と教育』 NO. 306・307，日本道徳教育学会，2000 年
・『名人への道　道徳教師』 小林陽子著，日本書籍，1989 年

第13章 わが国の道徳教育の歴史
―道徳教育の歴史から学ぶ―

わが国の近代学校制度確立以降の小・中学校における道徳教育の歴史を概観すると，大きく二つに分けられます。一つは戦前の修身教育であり，もう一つは戦後の道徳教育であります。一口に修身教育といっても，細かく見るとそこに歴史の変遷があります。同時に，戦後の道徳教育といってもそこには時代による変化があります。歴史的な視点をとおして道徳教育を認識することにより今日の道徳教育への新たな展望が開けます。

1 戦前の道徳教育

(1) 学制の発布と小学校教則

戦前の道徳教育は，学制の発布に始まります。1872（明治5）年，わが国は近代学校制度として，学制を発布しました。学制序文の「被仰出書」（おおせいだされしょ）には，「自ら身を立て，産を治め，業をさかんにするため，身を修め，智を開き，才芸に長ずることが大切であり，その基本は学問にあるのだから，学校を設ける法制をつくった」と述べております。その意気込みは高く，「むらに不学の戸なく，家に不学の人なからしめん事を期す」と掲げております。また，「士以上の者だけの事柄でなく，農工商を業とする人，婦女子も等しく自分自身のために学問の必要を知るべき」と説いております[(1)]。

このときの道徳教育は小学教則で修身口授（ぎょうぎのさとし）の名で呼ばれ，後年の修身の発端となりますが，学制ではとくに重視されることもなく低学年だけに課せられた。文部省が口授資料として示したものは欧米の倫理書を直訳したものでした[2]。

⑵ 自由教育令

1879（明治 12）年，学制の画一的，強制的な実施に対する批判と反省に立って，教育令が公布されました。この教育令はアメリカの自由主義的な教育行政をモデルにし，地域住民の教育自治に基づく設置者管理主義，設置者負担主義を志向したことから，「自由教育令」と呼ばれました。

地方の実情に合わせ自由裁量を許し，普通教育の普及をめざしましたが，結果的には公立学校を廃止する町村や就学率の停滞など公教育体制の混乱を招き，かえって，国家の管理や干渉を招くこととなりました[3]。

⑶ 改正教育令と修身科

1880（明治 13）年，自由教育令が改正され，改正教育令が出されました。それは，富国強兵のための教育であり，教育管理の集権化でありました。

翌 1881（明治 14）年，改正教育令の規定により，小学校教則綱領が制定されました。自由教育令で教科となっていた修身がこの小学校教則綱領で諸教科目中の筆頭におかれ，小学校の初等科，中等科の 3 年間中毎週 6 時間，高等科 2 年間中毎週 3 時間行うものとされました[4]。

⑷ 教学聖旨と修身科の重視

1879（明治 12）年に明治天皇が下賜した「教学聖旨」は，教学の本義を明確にするため元田永孚に起草させたものです。教学聖旨は文明開化の渦中で洋風を競い，仁義忠孝を後にする現状を憂慮し，儒教主義に基づく国民教化の回復を求めております。

修身科の強化のため，これまでの修身口授でなく，一つの教科として修身科を設定しました。さらに，明治 15 年天皇は元田に幼児綱要を編集させ，全国の小学校に頒布しております。教学聖旨と同じ理念に基づき20徳目を儒書から引いております。この徳目分類はその後の修身科教科書の形式を方向づけるなど影響が大きいものでした。

このような状況に対して，伊藤博文は井上毅起草に「教育議」を提出し，反論しています。この論争は自由民権運動の激化への対抗上，妥協が成立し，その枠内での道徳教育振興方策が確定されました[5]。

⑸ 小学校令

1886（明治19）年，文部大臣森有礼は「帝国大学令」「師範学校令」「小学校令」「中学校令」の四つを制定し，学校改革と学校体系の整備が進行しました。森は儒教的道徳論を論評し論争に決着をつけました[6]。

⑹ 教育勅語と修身科

1879（明治12）年に発布された教育に関する勅語は，その後の日本の方向を決めることとなりました。この背景には諸外国に追いつけという明治維新政府の開国政策を主張する開明派と天皇の親政による儒教に基づく漢学派との対立がありました。教学聖旨は開明派によって進められてきた明治維新のターニングポイントとなりました。開明派と漢学派の対立は徳育論争へと発展し，教育現場は混乱に陥りました。一方，政府の弾圧によって衰退していた自由民権運動も，国会開設を機に勢いを盛り返しました。開明派，漢学派，自由民権派の論争は対立を増し，収拾がつかなくなりました。このような状況のなかで開明派の井上毅と漢学派の元田永孚が草案作成の中心となり，作成されたのが教育勅語でありました。

教育勅語は三段から構成され，第一段で教育の基本理念を天皇制に基づく国体観念と結びつけて説いております。第二段で儒教道徳と近代的社会道徳を統合，統一したうえで天皇制維持に収斂させました。第三段に臣民の道の普遍的な妥当性を述べております。その後，わが国では大日本帝国憲法と教育勅語による教育が行われるようになりました。また，教育勅語は学校のみならず，天皇の統治を受ける臣民の道徳的行為の大原則とされました。

教育勅語が求める忠君愛国の精神は式日のような特別な日はもちろん，日常的にも修身科，国語，唱歌などで教えられました。

修身科では広瀬武夫や水兵の母などで忠義や軍国の母が祖国を守ることが臣民の道と教えられました。

家庭においても教育勅語や修身科の考えが薦められ，廉恥，恥を知るという世間的な体裁が重視されました(7)。

⑺ 国定教科書と修身科

1886（明治19）年の小学校令に始まる教科書の検定制度は，修身科の場合，当初は開明的な森文相の指示により，教科書を使わず，教師による談話の方法が取られましたが，教育勅語の発布後，やや変化が見られ，勅語の解説やヘルバルトの影響による子どもの興味を誘う童話などを盛り込む編集となりました。

1904（明治37）年，国定教科書の時代となり，文部省は模範的な修身教科書の作成をめざして，教科書調査委員会を設け，最初の国定教科書を作りました。編集方針は教育勅語に沿いながら，子どもの成長，生活圏の拡大に対応して，社会における心得，個人や国民としての心得を教えるものでありました。

1908（明治41）年の全面改定では，忠孝や天皇制による家族国家観を説く内容となりました(8)。

⑻ 大正新教育運動と修身科

大正デモクラシーは修身科にも大きな影響を与えました。新しい教授は，児童への着眼に基づく新しい教育でありました。生活修身，生活訓育，生活つづり方などの実践は代表的なものでした。こうした新しい実践は師範学校附属小学校を根拠として行われ，展開されましたが，全国的には国定教科書中心の修身が行われていました(9)。

2 戦後の道徳教育

⑴ 公民教育構想

1946（昭和21）年，日本国憲法が公布され，翌年施行となりました。そして，日本国憲法，教育基本法，学校教育法と法的な整備が行われました。

1948（昭和23）年6月には，衆議院で「教育勅語等排除に関する決議」参議院で『教育勅語等の失効確認に関する決議』が可決しました。

当初，公民教育構想で出発した戦後の道徳教育は，1947年版の学習指導要領の試案で全教科指導のなかでの道徳教育の実践でした[10]。

⑵ 道徳の時間の特設

新しい道徳教育の目標が基本的人権を中心とした民主的道徳の育成におかれました。しかし，日本の伝統的なものについての検討がなされなかったため文部省の教育課程審議会が「道徳教育振興に関する答申」を出しました。

1958（昭和33）年，小・中学校の学習指導要領の改訂において，道徳の時間が特設されました。人間尊重の精神を身につけた日本人の育成をめざすこととなりました[11]。

⑶ 学習指導要領の改訂

その後，その時代の要請を受け，約10年ごとに学習指導要領は改訂され，法的な拘束力をもつとされました。道徳は時代の要請により少しずつ改訂しましたが，基本的な考え方は一貫しております[12]。

① **昭和33年**　　内容について，項目が36でありました。

② **昭和43年の改訂**　　内容について，項目を一部整理統合して32に精選しました。

③ **昭和52年の改訂**　　内容について，項目を一部整理・統合し28に精選

しました。

④ 平成元年の改訂　　内容について，小・中学校ともに四つの視点によって分類し，重点化を図り，低学年 14，中学年 18，高学年 22 としました。

⑤ 平成 10 年の改訂　　内容については，項目数は変えず，文言が改善されました。

⑥ 平成 20 年の改訂　　内容については，低学年を 15 項目としました。中学年では，1 項目を削除し 1 項目を加え，18 項目には変わりはありませんでした。経済協力開発機構の学力調査結果を受け，思考力・判断力・表現力の育成や学習意欲の向上，自己への自信の育成と教育基本法の改正に基づく伝統文化や自己の生き方が加わりました。また，道徳教育推進教師や要としての道徳の時間が明確にされました。

⑷ 教育改革

わが国の戦後の教育改革は，文部科学省の中央教育審議会等と 1984（昭和 59）年以降，内閣の臨時教育審議会等の二つの流れによって進められてきました。

教育の民主化，機会均等を掲げる占領下における戦後教育が，社会が落ち着きを取り戻し，経済復興し，安定成長に変わるなかで，経済発展に対応した教育改革が教育の現代化や高等専門学校の創設等によって進められました。

そして，安定成長下で，1971（昭和 46）年の中央教育審議会答申「今後における学校教育の総合的な拡充整備のための基本的施策について（46 答申）」によって，大きな改革の方向がだされました。

その後，1984～87（昭和 59～62）年に内閣により教育改革を進める臨時教育審議会が設置され，個性重視や生涯学習体系への移行，国際化，情報化等変化への対応が出されました。

政府による教育改革は，教育改革国民会議，教育再生会議，教育再生懇談会と引き継がれ現在にいたっております。

また，文部科学省による各種審議会は，平成 13 年に中央教育審議会に整理統合されました。

教育課程審議会の学習指導要領の改訂や中央教育審議会の 1996，97（平成 8，9）年の「21 世紀を展望した我が国の教育の在り方について」（第 1 次・第 2 次答申），1998（平成 10）年の「新しい時代を拓く心を育てるために」「今後の地方教育行政の在り方について」（答申），2003（平成 15）年「新しい時代にふさわしい教育基本法と教育新興基本計画のあり方について」（答申）が出されました。

教育基本法が第 165 回臨時国会において改正され，2006（平成 18）年 12 月 22 日法律第 120 号で，公布，施行されました。

2008（平成 20）年，教育再生会議の最終報告書で，徳育の教科化が報告されましたが，中央教育審議会初等中等分科会の学習指導要領の改善の答申では見送られております。

注

⑴ 『ポイント教育学　教育史』 柴田義松・上沼八郎編著，学文社，1988 年，pp. 74-75
⑵ 同上，pp. 77
⑶ 同上，pp. 76-77
⑷ 同上，pp. 77
⑸ 『未来をひらく道徳教育の研究』 中野重人・押谷由夫編著，保育出版社，pp. 97-98
⑹ 注⑴前掲書，pp. 78-79
⑺ 注⑸前掲書，pp. 100-103
⑻ 注⑴前掲書，pp. 82-83
⑼ 同上，pp. 94-95
⑽ 注⑸前掲書，pp. 106-107
⑾ 『「道徳の時間」成立過程に関する研究』 押谷由夫著，東洋館出版社，2001 年，pp. 76-78
⑿ 『小学校学習指導要領解説　道徳編』 文部科学省　平成 20 年 3 月，pp. 1-14

参考文献

・『小学校学習指導要領　平成 15 年』 文部科学省，2003 年
・『小学校学習指導要領解説　道徳編　平成 11 年』 文部科学省，1999 年
・『改訂新版　未来をひらく道徳教育の研究』 中野重人・押谷由夫編著，保育出版社，

2002年
•『ポイント教育学　教育史』 柴田義松・上沼八郎編著，学文社，1997年
•『道徳指導事典』 井沢純・篠原春雄・瀬戸真・竹ノ内一郎・波多野述麿編集，ぎょうせい，1975年
•『道徳教育その歴史・現状・課題』 藤田昌士，エイデル研究所，1985年
•『戦後道徳教育外史』 片山清一著，高陵社書店，1988年
•「近代日本における教育制度の形成と道徳教育」『富山国際大学人文社会学部紀要』vol.2, 2002年

第14章 諸外国における道徳教育
—諸外国ではどのような道徳教育が行われているのか—

わが国の道徳教育の今後の展望を考える際に，諸外国の道徳教育を概観することはおおいに参考となります。

道徳教育は現実社会のモラルを一人ひとりの個人が自分のモラルとして内面に取り入れ，自分のモラルを確立する教育であります。したがって，まず，現実の社会のモラルがいかなるものかが問題となります。現実社会のモラルは，その国の歴史や宗教，政治，文化などの長い歴史によります。

そのため，国の生い立ちや歴史，宗教，政治や文化との関係を考えることが重要であります。そして，国民性，学校制度，家庭と学校とのあり方，道徳教育の指導原理，指導内容，指導方法などが大きくかかわってきます。歴史や宗教，政治や道徳教育の指導原理などが異なるなかで，どのように次世代の国民を道徳的に育成し，人々が幸せな生涯を築き，平和的な国家や平和な社会を構築するのか多様な姿が見られます。

広く諸外国の道徳教育を学ぶことは，教育者としての見識を深めることとなります。

1 アメリカの道徳教育

(1) アメリカの道徳教育

自由と豊かさ，アメリカンドリーム，世界の警察官，人権問題，人種の多様性などさまざまなイメージをもつ巨大国家アメリカの道徳教育はどのようなものでしょうか。

まず，建国の歴史にさかのぼってみましょう。ヨーロッパから新大陸アメリカへ移住してきたメイフラワー号のピューリタンは，まず彼らの存在の継続のために教会と学校をつくりました。ハーヴァート大学，イェール大学，プリンストン大学はこの流れをくむものであります。ですから，アメリカ社会の根底にピューリタンの神に帰依する精神性をみることができます。

その後，宗派間の対立から，学校教育の世俗化が図られ，法規の面では宗教と道徳の分離が求められました。

つぎに，アメリカの道徳教育を歴史的に展望してみましょう。

① インカルケーション　伝統的なアメリカの道徳教育はインカルケーションと呼ばれる価値の内面化であります。教え込みとも訳せる強制的な響きをもち，望ましいと考えられる社会の諸価値を個人が受け入れることにより，内面化されるというものであります。これについては，諸価値が徳目としてバラバラとなり，押しつけに陥っているとの批判がありました。

② 価値の明確化　価値は各自に相対的に成り立つものとしてとらえ，価値づけの過程に指導上の注意を向けることによって，児童・生徒自らの価値の明確化を援助しようとするものであります。これについては，価値の個人の好みへの広がりや価値の相対化となり，価値の対立・葛藤を克服するなど何も基準を与えないとの批判がありました[(1)]。

③ モラル・ジレンマ　L. コールバークは，価値の押しつけや価値の相対化から自由である道徳教育として，モラル・ジレンマを提唱しております。彼は道徳教育の認知発達的接近から道徳判断の発達6段階を提出しています。そして，討論により各自の判断の理由を吟味させるものであります。

④ ケアリング　コールバークの弟子キリガンは，正義を中心とした道徳性の判断は男性のもので，女性は他者への共感や同情に基づく配慮と責任にかかわるケアリング理論を提唱しています。

⑤ キャラクター・エデュケーション　キャラクター・エデュケーション

は品性教育と訳され，なかでも，リコーナーは尊重，責任とを民主主義社会の基盤となる普遍的な道徳的価値の中核に位置づけ，従来の読み，書き，そろばんの3Rに加え第4，第5のRと位置づけ，道徳教育の総合的アプローチを提唱しております。

現在，連邦政府の品性教育重視や各州，各市等の幅広い多様な取組みが展開されております[(2)]。

2　ヨーロッパの道徳教育

(1) イギリスの道徳教育

イギリスは，イングランド・スコットランド・ウェールズ・北アイルランドからなる連合王国であります。国旗のユニオンジャックがそれをよく示しております。

イギリスの道徳教育は基本的に宗教教育によるものであります。宗教，つまりキリスト教による宗教教育がイギリスの道徳教育であります。

1944年の教育令以降，宗派的な宗教教育を実施している私立学校をはじめ，すべての公立学校において，毎朝の礼拝や教科としての宗教教育が義務づけられています。ただし，親と子どもの希望によって，希望する宗教教育をあるいは宗教教育を受けないことも信教の自由から認められております。イギリスの道徳教育はキリスト教を基として，民主主義社会の人間形成に重点がおかれております。自己の行為への責任，自分を大切にする，他人の権利と自由を侵さないことなどであり，そこでは民主主義社会の市民としての態度や生活様式が重要視されております。

また，長い歴史を有するパブリックスクールでは，単なる知識教育ではなく，厳格なる訓練やスポーツなどによる人間陶冶がめざされています。

ところが1967年，宗教によらない道徳教育が模索されはじめました。ライフライン計画であります。ライフライン計画は中等学校生徒の意識調査に基づき，よく生きるための道徳教育プログラムを構想したものであります。子どもにとって，身近な現実の問題や場面が主要な教材となり，そこでの討議をとおして，子どもが道徳的な行為を見つけ出そうとするものであります。徳目主義による教え込みを避ける方法論が展開されています。

人の身になって，きまりを吟味する，あなたならどうしただろうかという教材が開発され，思いやりのある生活スタイルを身につけるための援助をすることを目的としたものであります(3)。

(2) フランスの道徳教育

自由・平等・博愛を国旗に掲げるフランス共和国，そこでの道徳教育にはどんな特色があるのでしょうか。

1789年のフランス革命がもたらした一つの結果として，公教育制度があげられます。革命前の学校は主として教会や修道会に任されておりました。公教育の父といわれるコンドルセは私事性の原理，個人の内面形成にかかわる事柄に国家は干渉しないという考えを主張しました。その後も国家と学校と教会の関係は絶えずフランス政府に提起された問題でありました。1882年初等教育を義務化とし，道徳および宗教教育を廃止し，これを道徳および公民教育に改めました。1904年には修道会の教育事業が禁止され，1905年に政教分離法で教育の世俗性が確立しました。1975年の教育基本法における道徳教育は第3条により，初等教育に関して「家庭と共同して道徳教育と市民教育を保障する」となっております。1985年公民が一教科として独立し小学校の道徳も公民教育にとってかわられました。

フランスにおける道徳教育はその世俗性にあります。教会や宗教から分離し，フランス革命以来の自由，平等，博愛の共和国の理念を育成する公民教育のなかで行われております(4)。

(3) ドイツの道徳教育

ドイツは 16 の州からなる連邦国家であります。教育の権限は各州の文化省の所管となっております。

ドイツの道徳教育は宗教教育を中心に行われております。各州の規定に道徳教育の内容まで踏み込んだものが見られます。道徳教育は個々人に任せるべき部分と国家や社会が協同して責任と役割を果たす部分があるという考えがみられます。

ドイツの学校は宗派別学校と各派混合学校が主であります。宗派学校では，プロテスタント，カソリック，ユダヤ教など各宗派によって教育が行われ，保護者の希望で選ばれます。各派混合学校では，宗教科のときだけ各宗派別のクラスに分かれ，授業を受けます。宗教科の授業は基礎学校段階で週 2～4 時間，中等教育段階で週 2 時間程度となっております。キリスト教的素材を取り上げるなかで道徳教育上のテーマが扱われます。

一般にドイツ人は共同体志向的であります。具体的な家族や地域や民族を重んじる傾向にあります。教育権を国家や個人ではなく両親に認めていることからもそのことがうかがわれます。

バイエルン州の道徳教育の一端を見ると，州憲法に「学校は知識および能力を伝達するだけでなく，信条及び性格をも形成しなければならない」とし，児童・生徒の内面にまで踏み込んだ道徳教育の重要性を力説しております[(5)]。

3　アジアの道徳教育

(1) 中国の道徳教育

世界第一の 13 億人，全世界の約 20 %の人口を有する中華人民共和国，この国の道徳教育はどんな状況なのでしょうか。

古代文明の一つとして中華 4000 年といわれ，歴代王朝が栄えた中国，その中国の近代化はアジアの儒教国がヨーロッパの列強に対して，侵略され，内戦を経て独立した歴史をもっています。

共産党と国民党との抗争と日中戦争を経て，毛沢東を主席とする中華人民共和国が誕生し，政治と教育が直結した今日の体制が確立しました。

教育は政治に奉仕するとの考えから，文化大革命時，教育は権力闘争の具と化し，小学校でも階級闘争が教えられました。大学入学も学力試験でなく，労働経験や周囲の推薦によって決まりました。今でも文革時代の記憶は人々の心に深い傷として残っています。その後，文化大革命は全面的に誤りだったとの公式評価が確定し，教育の再建がさかんとなりました。

市場経済へ移行した現在でも国家は社会主義精神文明の建設に寄与すると定められており，そのための方法として道徳教育が掲げられております。

道徳教育の主目的は，基本的に社会主義的精神の涵養におかれております。そのため，幼稚園では集団生活の規律が学習されます。小学校では思想品徳（道徳）の授業が各学年にあります。4年生以上には週1時間の労働の時間が割り当てられております。そのほか，愛国心や祖国の伝統に対する敬意を育成しております。中等教育では政治を学習し，また年間の労働技術教育も課されております。

社会主義制度の堅持を前提とし，労働に大きな人間形成をおいた道徳教育が行われております[6]。

⑵ 韓国の道徳教育

朝鮮半島は南北に分断され，大韓民国は南の部分を占めております。韓国の道徳教育の状況はどうなっているのでしょうか。

まず，今日の教育事情はその歴史性に由来します。儒教国，植民地支配，朝鮮戦争，アメリカとの結びつき，これらが歴史的に今日の韓国の学校の背景に存在しています。古い世代は儒教の考えを尊重しております。しかし，国が踏みにじられた苦い経験から，民族の誇りを重要視せざるを得ません。独立運動，祖国愛，同胞愛，自国の伝統文化が道徳教育の中心にあります。

また，朝鮮戦争をとおしてのアメリカとの結びつきは，民主主義や自由主義への希求を生んでおります。学生の民主化運動やオリンピックの開催などを通しての開放政策が功を奏してきております。

国民学校（小学校）では道徳が教科として位置づけられております。低学年では教科書が道徳，国語，社会の合科として「正しい生活」となっております。

中学校では，小学校で社会に含まれていた歴史が国史として独立の教科となっております。「道徳」の教科も存在しています。高等学校では道徳と社会科に代わって倫理が教えられています。

確立すべき韓国人像として，自主的人間，創造的人間，道徳的人間の三つが掲げられております(7)。

⑶ インドネシアの道徳教育

世界第 4 位，4 億人の人口を有する群島国家のインドネシアは国民の 9 割以上がイスラム教徒であります。独立時，イスラム教を国教とはせず，宗教をもつことが定められ，キリスト教，仏教，ヒンドゥ教など多様な宗教が混在しております。

西欧列強の植民地に由来する国土はその多様性により，さまざまな困難に直面しています。多民族，多文化国家のインドネシアの道徳教育は国民に共通した価値規範を根づかせることにあります。

そのため，インドネシア共和国憲法ではパンチャシラがあります。パンチャシラとはインドネシア共和国憲法の前文にある国家五原則であります。① 神への畏敬，② 正義を愛し教養ある人間性，③ インドネシアの統一，④ 諮問的代表制による民主主義，⑤ 全インドネシア国民に対する社会正義，であり，この国家五原則は一つの全体と見なして，そのいずれもが他と分離することはできないという考えに立っております。この考えに基づきすべての学校でパンチャシラ道徳があります。

全能なる神への畏敬がインドネシアの道徳教育の背景にあります。インドネシアの学校制度は教育文化省管轄学校系統（スコラ）と宗教省管轄のイスラム教学校系統（マドラサ）の二つであります。オランダ統治時代に設置された宗教的に中立な近代学校と古くからのイスラムの伝統的な宗教による学校とを一元化せず，政府のコントロール下におこうとしています。

1975年の政府決定でスコラもマドラサも普通教科の内容を同じにすることとなったので，カリキュラム上の主な相違は宗教の授業の取り扱いにあります。いずれの学校も宗教教育は基礎的教科として位置づけられておりますが，スコラでは宗教教育は週2時間でその授業は生徒および保護者の信仰に基づきイスラム，カトリック，プロテスタント，仏教，ヒンドゥ教に分かれて行われます。マドラサではイスラム教関係の科目が全授業数の約3割を占めております[(8)]。

注

⑴『道徳教育 その歴史・現状・課題』藤田昌士著，エイデル研究所，1985年，pp. 105-135

⑵『道徳教育の研究』 中野重人・押谷由夫編著，保育出版社，2002年，pp. 78-83

⑶ 同上，pp. 84-85

⑷ 同上，pp. 85-86

⑸ 同上，pp. 86-87

⑹ 同上，pp. 88-89

⑺ 同上，pp. 89-90

⑻ 同上，pp. 90-91

参考文献

・『世界の道徳教育』 J. ウイルソン監修，押谷由夫・伴恒信編訳，2002年，玉川大学出版部，2002年
・『日本人のしつけと教育』 東洋著，東京大学出版会，1994年
・『日本の道徳教育は韓国に学べ』 杉原誠四郎著，文化書博文社，2007年
・『東アジアの学校教育改革』 戸北凱惟研究代表・上越教育大学学校教育学部，若井研究室，2006年
・『道徳教育　その歴史・現状・課題』 藤田昌士，エイデル研究所，1985年
・『改訂新版　未来をひらく道徳教育の研究』 中野重人・押谷由夫編著，保育出版社，2002年

- 『道徳指導事典』 井沢純・篠原春雄・瀬戸真・竹ノ内一郎・波多野述麿編集，ぎょうせい，1975 年
- 『改訂　道徳教育とその指導法』 吉田武男編著，NSK 出版，2005 年
- 「アメリカの道徳教育の新しい潮流」『富山国際大学国際教養部紀要』 Vol. 2，2006 年
- 『道徳教育の研究』 谷田貝公昭・林邦雄・成田国英編，一藝社，2002 年
- 『道徳・特別活動　重要用語 300 の基礎知識』 押谷由夫・宮川八岐編集，明治図書，2007 年

第15章
道徳教育の課題と展望
―課題への挑戦と解決への糸口―

今日，学校教育における道徳教育の課題を考えると，まず，第一に，児童・生徒の心の育ちの課題があげられます。第二に，児童・生徒の心を育てる教師の指導力，授業力の課題であります。第三に，組織として行う道徳教育の学校の雰囲気や指導体制の課題があります。第四に，学校を取り巻く大人社会の課題であります。第五に，社会情勢や国際社会，人間存在の課題があげられます。これらの課題が複雑に絡み合って，複合的に児童・生徒の心に影を落としています。教師として，社会人として，これらの課題解決に挑む必要があります[1]。

1 今日的課題

「教育は生き物である」。その時々の社会情勢によって，教育内容も変わってきます。社会が生きているように，教育もまた生きています。民主主義社会における物の豊かな時代のなかでの心の教育を今日的状況ととらえ，そこで起こっている課題を認識し，解決への糸口を探る必要があります。

(1) 児童・生徒の心の育ちの課題

生命尊重やコミュニケーション能力，思考力や表現力，自らを肯定的にとらえる自信や自己決断の育成が課題であります。理想を追えば，現実はまさに多くの課題だらけであります。それらのなかで，とりわけ，児童・生徒が学校生活をエンジョイして，未来に備える心の豊かさの育成が大きな問題としてあげられます。自分に自信をもち，自己の人生にチャレンジし，人とともに豊かに生きるその根本としてのモラルの形成であります。

⑵ 児童・生徒を育てる教師の指導力，授業力の課題

道徳教育の目標とする道徳性，また，筆者が主張する人生に対する精神的態度の形成は，究極においては児童・生徒自身がはぐくむ問題であります。しかし，人は最初から自立できるものではありません。自立して心豊かに生きていけるように，教師の助言や援助が必要なのは言をまちません。学校生活全体における教師の指導力，そして，道徳の時間の授業力，この充実が今日強く求められております。誰によって求められているかといえば，心豊かに生きたいと願い，そして，それをうまく実現できない児童・生徒自身からであります。教師はこの児童・生徒の心豊かに生きたいという願いを実現する指導力や授業力を身につける必要かあるわけです。

⑶ 組織としての学校の雰囲気や指導体制の課題

一人ひとりの教師が努力を積み重ね，累積する意味は大きい。それに，さらに教師の協働が作用すれば，より充実した道徳教育となります。全児童・生徒を全教職員が育てる，そのための学校の雰囲気や学校の指導体制の確立・充実が求められております。

⑷ 学校を取り巻く大人社会の課題

今日，大人社会はさまざまな課題をかかえています。モノカネ主義による心の荒廃です。生命の軽視，高齢者から振り込め詐欺でお金を巻き上げる。汚染米をはじめとして食の安全がないがしろにされています。教員採用の不正など社会の寄って立つべき基本的な信頼が崩れています。物や金の重要性とともに心の豊かさを求める社会へと転換が必要であります。

⑸ 社会情勢や国際社会，人間存在の課題

地球温暖化やアメリカ発の経済危機など，今日，社会はグローバル化して，情報が瞬時に入ってくるとともに，人類生存の大きな課題に直面しております。温暖化の防止や経済の安定，高齢社会に対応した社会保障制度の充実，これらの課題が明白になり大きな政治問題となっています。自己の存在がこれらの課題と無関係ではない今日的状況があります。

2 今後の展望

人類が生存を持続するためには，現実を認識して，課題を明らかにして，その解決へと立ち向うことが必要です。前節1の ⑴〜⑸ の課題解決へ向けて，その糸口を探りたいと思います。

⑴ 児童・生徒に生きる喜びと明るい未来を

学校は児童・生徒に魅力的な場所であります。友だちと遊べる。好きな先生がいる。打ち込む部活がある。給食が美味しい。児童・生徒をひきつける魅力に溢れています。しかし，その楽しいはずの学校生活のなかで，友人関係や将来に対する不安など多くの悩みや問題をかかえているのも事実であります。悩みや問題の解決のためには，教師が児童・生徒をよく見守り，寄り添い何が問題なのか，問題を分析して，どう対処するのか，ともに考え，ともに解決策を見いだすことが重要です。放っておかれて児童・生徒自らの解決力による解決はなかなか難しいのが現状であります。児童・生徒の充実した学校生活の確保に力を費やすべきであります。生きる喜び，明るい未来の構築です。即解決ができなくても，教師が寄り添いともに悩みを共有するところから解決策が児童・生徒の内に芽生えてきます。そのことがまた生きる意欲や喜びにつながります。

⑵ ともに歩む喜び，楽しさ，そして，自己の指導力の向上を図る

教師の職務遂行は一人で行うが，一人で完結するものではありません。自分が担任した児童・生徒は次の学年で違う先生が受けもちます。その意味において，児童・生徒の成長のある部分にかかわるわけです。そういう児童・生徒が何百人かいるのが学校であります。教師がほかの教師とともに，児童・生徒とともに歩む喜びや楽しさを共有するところに，明日への活力が生まれてきます。そのなかで，自己の指導の悩みや問題点を語り合い，指導力の向上が図れれば充実感を味わうことができます。それが教職の楽しさであり，喜びです。教職の楽しさと喜びを味わえる教師となることが，課題解決へと向かう力を生むと考えられます。

⑶ 教職員が力を合わせて，全員の子どもを全員の教師が育てる

教師の指導は，とかく，担任する児童・生徒や担当する教科の児童・生徒のみに力が入ります。しかし，学校という組織で教育を行うわけですから，やはり，全教師が全児童・生徒を育てる考えが重要となります。この学校に学んでよかった，と児童・生徒に思わせるためには，やはり，教師が広い心で全児童・生徒を見守ることが必要です。それが，また，ほかの教師との会話を生み，ともに歩む所属感や一体感をはぐくむもととなります。

⑷ 子どもの未来を中心に据えて

今日，学校もさまざまな課題をかかえ，家庭も厳しい状況のなかにあり，社会も病んでいる部分もあります。そんななかで，ともすれば教師も責任転嫁となり，その被害が児童・生徒に及びます。学校生活の楽しさやエンジョイを失い，自信を失い，明るい未来を失います。これでは，学校教育とはいえません。まず，第一に子どもを中心に据えます。その問題を考えます。これを核として保護者や社会を取り込みます。学校が発信する情報には現在でも保護者や地域社会が耳を傾けさせる力があります。この子どもを中心にして些細なことから

一つひとつ，連携を深めていきます。

⑸ 人類の生存が持続する社会の構築

地球温暖化も経済危機や社会保障ももとはといえば，みな，人が行っているものです。その人に心があり，思いがあり，責任があれば，社会が存続する可能性が高まります。大きな環境問題もさまざまな社会問題も，重要なのはその任に当たる人間のモラルです。この基礎が学校で築かれない限り，人類に明るい未来はありません。教師一人ひとりの教育愛にかかわる実践が課題解決への糸口となるのです。課題を認識して，解決を図る，他人任せにしない人間を育てたいものです。それは，結果としてその人自身を豊かにし，周囲も豊かにし，そういう人々がつくる社会自体が豊かになります，その社会に生きる人は自己の人生を心豊かに生きることとなります。

注

⑴ 「道徳教育のコンプライアンス」『宝仙学園短期大学紀要』 飯塚雄三著，第33号，pp. 1-6，2008年

参考文献

・『日本人のしつけと教育』 東洋著，東京大学出版会，1994年
・『人権意識を高める道徳教育』 福田弘著，学事出版，1996年
・『生命と言葉』 吉田富三著，読売新聞社，1972年
・『生き生き子育て論』 勝部真長著　玉川大学出版部，1981年
・『豊かさの試練』 高坂正尭著，新潮社，1979年
・『日本存亡のとき』 高坂正尭著，講談社，1992年
・『世界史の中から考える』 高坂正尭著，新潮社，1996年
・『文明が衰亡するとき』 高坂正尭著，新潮社，1981年
・『チャーチルが愛した日本』 関榮次，PHP新書，2008年
・『原初生命体としての人間　野口体操の理論』 野口三千三，岩波書店，2003年
・『「いのち」の教え』 東井義雄著，佼正出版社，2004年

付　録

小学校学習指導要領
第1章 総則 第1の2，第3章 道徳，第2章第1節 国語（抄）

（平成20年3月，文部科学省）

第1章　総則

第1　教育課程編成の一般方針

2　学校における道徳教育は，道徳の時間を要として学校の教育活動全体を通じて行うものであり，道徳の時間はもとより，各教科，外国語活動，総合的な学習の時間及び特別活動のそれぞれの特質に応じて，児童の発達の段階を考慮して，適切な指導を行わなければならない。

道徳教育は，教育基本法及び学校教育法に定められた教育の根本精神に基づき，人間尊重の精神と生命に対する畏敬の念を家庭，学校，その他社会における具体的な生活の中に生かし，豊かな心をもち，伝統と文化を尊重し，それらをはぐくんできた我が国と郷土を愛し，個性豊かな文化の創造を図るとともに，公共の精神を尊び，民主的な社会及び国家の発展に努め，他国を尊重し，国際社会の平和と発展や環境の保全に貢献し未来を拓く主体性のある日本人を育成するため，その基盤としての道徳性を養うことを目標とする。

道徳教育を進めるに当たっては，教師と児童及び児童相互の人間関係を深めるとともに，児童が自己の生き方についての考えを深め，家庭や地域社会との連携を図りながら，集団宿泊活動やボランティア活動，自然体験活動などの豊かな体験を通して児童の内面に根ざした道徳性の育成が図られるよう配慮しなければならない。その際，特に児童が基本的な生活習慣，社会生活上のきまりを身に付け，善悪を判断し，人間としてしてはならないことをしないようにすることなどに配慮しなければならない。

第3章　道徳

第1　目標

道徳教育の目標は，第1章総則の第1の2に示すところにより，学校の教育活動全体を通じて，道徳的な心情，判断力，実践意欲と態度などの道徳性を養うこととする。

道徳の時間においては，以上の道徳教育の目標に基づき，各教科，外国語活動，総合的な学習の時間及び特別活動における道徳教育と密接な関連を図りながら，計画的，発展的な指導によってこれを補充，深化，統合し，道徳的価値の自覚及び自己の生き方についての考えを深め，道徳的実践力を育成するものとする。

第2　内容

道徳の時間を要として学校の教育活動全体を通じて行う道徳教育の内容は，次のとおりとする。

〔第1学年及び第2学年〕

1　主として自分自身に関すること。

(1) 健康や安全に気を付け，物や金銭を大切にし，身の回りを整え，わがままをしないで，規則正しい生活をする。

(2) 自分がやらなければならない勉強や仕事は，しっかりと行う。

(3) よいことと悪いことの区別をし，よいと思うことを進んで行う。

(4) うそをついたりごまかしをしたりしないで，素直に伸び伸びと生活する。

2　主として他の人とのかかわりに関すること。

(1) 気持ちのよいあいさつ，言葉遣い，動作などに心掛けて，明るく接する。

(2) 幼い人や高齢者など身近にいる人に温かい心で接し，親切にする。

(3) 友達と仲よくし，助け合う。

(4) 日ごろ世話になっている人々に感謝する。

3　主として自然や崇高なものとのかかわりに関すること。

(1) 生きることを喜び，生命を大切にする心をもつ。

(2) 身近な自然に親しみ，動植物に優しい心で接する。

(3) 美しいものに触れ，すがすがしい心をもつ。

4　主として集団や社会とのかかわりに関すること。

(1) 約束やきまりを守り，みんなが使う物を大切にする。
(2) 働くことのよさを感じて，みんなのために働く。
(3) 父母，祖父母を敬愛し，進んで家の手伝いなどをして，家族の役に立つ喜びを知る。
(4) 先生を敬愛し，学校の人々に親しんで，学級や学校の生活を楽しくする。
(5) 郷土の文化や生活に親しみ，愛着をもつ。
〔第3学年及び第4学年〕
1 主として自分自身に関すること。
(1) 自分でできることは自分でやり，よく考えて行動し，節度のある生活をする。
(2) 自分でやろうと決めたことは，粘り強くやり遂げる。
(3) 正しいと判断したことは，勇気をもって行う。
(4) 過ちは素直に改め，正直に明るい心で元気よく生活する。
(5) 自分の特徴に気付き，よい所を伸ばす。
2 主として他の人とのかかわりに関すること。
(1) 礼儀の大切さを知り，だれに対しても真心をもって接する。
(2) 相手のことを思いやり，進んで親切にする。
(3) 友達と互いに理解し，信頼し，助け合う。
(4) 生活を支えている人々や高齢者に，尊敬と感謝の気持ちをもって接する。
3 主として自然や崇高なものとのかかわりに関すること。
(1) 生命の尊さを感じ取り，生命あるものを大切にする。
(2) 自然のすばらしさや不思議さに感動し，自然や動植物を大切にする。
(3) 美しいものや気高いものに感動する心をもつ。
4 主として集団や社会とのかかわりに関すること。
(1) 約束や社会のきまりを守り，公徳心をもつ。
(2) 働くことの大切さを知り，進んでみんなのために働く。
(3) 父母，祖父母を敬愛し，家族みんなで協力し合って楽しい家庭をつくる。
(4) 先生や学校の人々を敬愛し，みんなで協力し合って楽しい学級をつくる。
(5) 郷土の伝統と文化を大切にし，郷土を愛する心をもつ。
(6) 我が国の伝統と文化に親しみ，国を愛する心をもつとともに，外国の人々や文化に関心をもつ。
〔第5学年及び第6学年〕
1 主として自分自身に関すること。
(1) 生活習慣の大切さを知り，自分の生活を見直し，節度を守り節制に心掛ける。
(2) より高い目標を立て，希望と勇気をもってくじけないで努力する。
(3) 自由を大切にし，自律的で責任のある行動をする。
(4) 誠実に，明るい心で楽しく生活する。
(5) 真理を大切にし，進んで新しいものを求め，工夫して生活をよりよくする。
(6) 自分の特徴を知って，悪い所を改めよい所を積極的に伸ばす。
2 主として他の人とのかかわりに関すること。
(1) 時と場をわきまえて，礼儀正しく真心をもって接する。
(2) だれに対しても思いやりの心をもち，相手の立場に立って親切にする。
(3) 互いに信頼し，学び合って友情を深め，男女仲よく協力し助け合う。
(4) 謙虚な心をもち，広い心で自分と異なる意見や立場を大切にする。
(5) 日々の生活が人々の支え合いや助け合いで成り立っていることに感謝し，それにこたえる。
3 主として自然や崇高なものとのかかわりに関すること。
(1) 生命がかけがえのないものであることを知り，自他の生命を尊重する。
(2) 自然の偉大さを知り，自然環境を大切にする。
(3) 美しいものに感動する心や人間の力を超えたものに対する畏敬の念をもつ。
4 主として集団や社会とのかかわりに関すること。
(1) 公徳心をもって法やきまりを守り，自他の権利を大切にし進んで義務を果たす。
(2) だれに対しても差別をすることや偏見をもつことなく公正，公平にし，正義の実現に努める。
(3) 身近な集団に進んで参加し，自分の役割を自覚し，協力して主体的に責任を果たす。
(4) 働くことの意義を理解し，社会に奉仕する喜びを知って公共のために役に立つことをする。
(5) 父母，祖父母を敬愛し，家族の幸せを求めて，進んで役に立つことをする。
(6) 先生や学校の人々への敬愛を深め，みんなで協力し合いよりよい校風をつくる。
(7) 郷土や我が国の伝統と文化を大切にし，先人の努力を知り，郷土や国を愛する心をもつ。
(8) 外国の人々や文化を大切にする心をもち，日本人としての自覚をもって世界の人々と親善に努める。

第３　指導計画の作成と内容の取扱い

1　各学校においては，校長の方針の下に，道徳教育の推進を主に担当する教師（以下「道徳教育推進教師」という。）を中心に，全教師が協力して道徳教育を展開するため，次に示すところにより，道徳教育の全体計画と道徳の時間の年間指導計画を作成するものとする。
(1)　道徳教育の全体計画の作成に当たっては，学校における全教育活動との関連の下に，児童，学校及び地域の実態を考慮して，学校の道徳教育の重点目標を設定するとともに，第２に示す道徳の内容との関連を踏まえた各教科，外国語活動，総合的な学習の時間及び特別活動における指導の内容及び時期並びに家庭や地域社会との連携の方法を示す必要があること。
(2)　道徳の時間の年間指導計画の作成に当たっては，道徳教育の全体計画に基づき，各教科，外国語活動，総合的な学習の時間及び特別活動との関連を考慮しながら，計画的，発展的に授業がなされるよう工夫すること。その際，第２に示す各学年段階ごとの内容項目について，児童や学校の実態に応じ，２学年間を見通した重点的な指導や内容項目間の関連を密にした指導を行うよう工夫すること。ただし，第２に示す各学年段階ごとの内容項目は相当する各学年においてすべて取り上げること。なお，特に必要な場合には，他の学年段階の内容項目を加えることができること。
(3)　各学校においては，各学年を通じて自立心や自律性，自他の生命を尊重する心を育てることに配慮するとともに，児童の発達の段階や特性等を踏まえ，指導内容の重点化を図ること。特に低学年ではあいさつなどの基本的な生活習慣，社会生活上のきまりを身に付け，善悪を判断し，人間としてしてはならないことをしないこと，中学年では集団や社会のきまりを守り，身近な人々と協力し助け合う態度を身に付けること，高学年では法やきまりの意義を理解すること，相手の立場を理解し，支え合う態度を身に付けること，集団における役割と責任を果たすこと，国家・社会の一員としての自覚をもつことなどに配慮し，児童や学校の実態に応じた指導を行うよう工夫すること。また，高学年においては，悩みや葛藤（かっとう）等の心の揺れ，人間関係の理解等の課題を積極的に取り上げ，自己の生き方についての考えを一層深められるよう指導を工夫すること。

2　第２に示す道徳の内容は，児童が自ら道徳性をはぐくむためのものであり，道徳の時間はもとより，各教科，外国語活動，総合的な学習の時間及び特別活動においてもそれぞれの特質に応じた適切な指導を行うものとする。その際，児童自らが成長を実感でき，これからの課題や目標が見付けられるよう工夫する必要がある。

3　道徳の時間における指導に当たっては，次の事項に配慮するものとする。
(1)　校長や教頭などの参加，他の教師との協力的な指導などについて工夫し，道徳教育推進教師を中心とした指導体制を充実すること。
(2)　集団宿泊活動やボランティア活動，自然体験活動などの体験活動を生かすなど，児童の発達の段階や特性等を考慮した創意工夫ある指導を行うこと。
(3)　先人の伝記，自然，伝統と文化，スポーツなどを題材とし，児童が感動を覚えるような魅力的な教材の開発や活用を通して，児童の発達の段階や特性等を考慮した創意工夫ある指導を行うこと。
(4)　自分の考えを基に，書いたり話し合ったりするなどの表現する機会を充実し，自分とは異なる考えに接する中で，自分の考えを深め，自らの成長を実感できるよう工夫すること。
(5)　児童の発達の段階や特性等を考慮し，第２に示す道徳の内容との関連を踏まえ，情報モラルに関する指導に留意すること。

4　道徳教育を進めるに当たっては，学校や学級内の人間関係や環境を整えるとともに，学校の道徳教育の指導内容が児童の日常生活に生かされるようにする必要がある。また，道徳の時間の授業を公開したり，授業の実施や地域教材の開発や活用などに，保護者や地域の人々の積極的な参加や協力を得たりするなど，家庭や地域社会との共通理解を深め，相互の連携を図るよう配慮する必要がある。

5　児童の道徳性については，常にその実態を把握して指導に生かすよう努める必要がある。ただし，道徳の時間に関して数値などによる評価は行わないものとする。

第2章　各教科　第1節　国語

第3　指導計画の作成と内容の取扱い

1　指導計画の作成に当たっては，次の事項に配慮するものとする。

(7) 第1章総則の第1の2及び第3章道徳の第1に示す道徳教育の目標に基づき，道徳の時間などとの関連を考慮しながら，第3章道徳の第2に示す内容について，国語科の特質に応じて適切な指導をすること。
（他の教科，外国語活動，総合的な学習の時間，特別活動にも同様な記述がある。）

中学校学習指導要領

第1章 総則 第1の2，第3章 道徳 第2章第5節 音楽（抄）

（平成20年9月，文部科学省）

第1章　総則

第1　教育課程編成の一般方針

2　学校における道徳教育は，道徳の時間を要として学校の教育活動全体を通じて行うものであり，道徳の時間はもとより，各教科，総合的な学習の時間及び特別活動のそれぞれの特質に応じて，生徒の発達の段階を考慮して，適切な指導を行わなければならない。

道徳教育は，教育基本法及び学校教育法に定められた教育の根本精神に基づき，人間尊重の精神と生命に対する畏（い）敬の念を家庭，学校，その他社会における具体的な生活の中に生かし，豊かな心をもち，伝統と文化を尊重し，それらをはぐくんできた我が国と郷土を愛し，個性豊かな文化の創造を図るとともに，公共の精神を尊び，民主的な社会及び国家の発展に努め，他国を尊重し，国際社会の平和と発展や環境の保全に貢献し未来を拓（ひら）く主体性のある日本人を育成するため，その基盤としての道徳性を養うことを目標とする。

道徳教育を進めるに当たっては，教師と生徒及び生徒相互の人間関係を深めるとともに，生徒が道徳的価値に基づいた人間としての生き方についての自覚を深め，家庭や地域社会との連携を図りながら，職場体験活動やボランティア活動，自然体験活動などの豊かな体験を通して生徒の内面に根ざした道徳性の育成が図られるよう配慮しなければならない。その際，特に生徒が自他の生命を尊重し，規律ある生活ができ，自分の将来を考え，法やきまりの意義の理解を深め，主体的に社会の形成に参画し，国際社会に生きる日本人としての自覚を身に付けるようにすることなどに配慮しなければならない。

第3章　道徳

第1　目標

道徳教育の目標は，第1章総則の第1の2に示すところにより，学校の教育活動全体を通じて，道徳的な心情，判断力，実践意欲と態度などの道徳性を養うこととする。

道徳の時間においては，以上の道徳教育の目標に基づき，各教科，総合的な学習の時間及び特別活動における道徳教育と密接な関連を図りながら，計画的，発展的な指導によってこれを補充，深化，統合し，道徳的価値及びそれに基づいた人間としての生き方についての自覚を深め，道徳的実践力を育成するものとする。

第2　内容

道徳の時間を要（かなめ）として学校の教育活動全体を通じて行う道徳教育の内容は，次のとおりとする。

1　主として自分自身に関すること。
(1) 望ましい生活習慣を身に付け，心身の健康の増進を図り，節度を守り節制に心掛け調和のある生活をする。
(2) より高い目標を目指し，希望と勇気をもって着実にやり抜く強い意志をもつ。
(3) 自律の精神を重んじ，自主的に考え，誠実に実行してその結果に責任をもつ。
(4) 真理を愛し，真実を求め，理想の実現を目指して自己の人生を切り拓いていく。
(5) 自己を見つめ，自己の向上を図るとともに，個性を伸ばして充実した生き方を追求する。
2　主として他の人とのかかわりに関すること。
(1) 礼儀の意義を理解し，時と場に応じた適切な言動をとる。
(2) 温かい人間愛の精神を深め，他の人々に対し思いやりの心をもつ。
(3) 友情の尊さを理解して心から信頼できる友達をもち，互いに励まし合い，高め合う。
(4) 男女は，互いに異性についての正しい理解を深め，相手の人格を尊重する。
(5) それぞれの個性や立場を尊重し，いろいろなものの見方や考え方があることを理解して，寛容の心をもち謙虚に他に学ぶ。
(6) 多くの人々の善意や支えにより，日々の生活や現在の自分があることに感謝し，それにこたえる。
3　主として自然や崇高なものとのかかわりに関すること。
(1) 生命の尊さを理解し，かけがえのない自他の生命を尊重する。
(2) 自然を愛護し，美しいものに感動する豊かな心をもち，人間の力を超えたものに対する畏(い)敬の念を深める。
(3) 人間には弱さや醜さを克服する強さや気高さがあることを信じて，人間として生きることに喜びを見いだすように努める。
4　主として集団や社会とのかかわりに関すること。
(1) 法やきまりの意義を理解し，遵(じゅん)守するとともに，自他の権利を重んじ義務を確実に果たして，社会の秩序と規律を高めるように努める。
(2) 公徳心及び社会連帯の自覚を高め，よりよい社会の実現に努める。
(3) 正義を重んじ，だれに対しても公正，公平にし，差別や偏見のない社会の実現に努める。
(4) 自己が属する様々な集団の意義についての理解を深め，役割と責任を自覚し集団生活の向上に努める。
(5) 勤労の尊さや意義を理解し，奉仕の精神をもって，公共の福祉と社会の発展に努める。
(6) 父母，祖父母に敬愛の念を深め，家族の一員としての自覚をもって充実した家庭生活を築く。
(7) 学級や学校の一員としての自覚をもち，教師や学校の人々に敬愛の念を深め，協力してよりよい校風を樹立する。
(8) 地域社会の一員としての自覚をもって郷土を愛し，社会に尽くした先人や高齢者に尊敬と感謝の念を深め，郷土の発展に努める。
(9) 日本人としての自覚をもって国を愛し，国家の発展に努めるとともに，優れた伝統の継承と新しい文化の創造に貢献する。
(10) 世界の中の日本人としての自覚をもち，国際的視野に立って，世界の平和と人類の幸福に貢献する。

第3　指導計画の作成と内容の取扱い

1　各学校においては，校長の方針の下に，道徳教育の推進を主に担当する教師（以下「道徳教育推進教師」という。）を中心に，全教師が協力して道徳教育を展開するため，次に示すところにより，道徳教育の全体計画と道徳の時間の年間指導計画を作成するものとする。
(1) 道徳教育の全体計画の作成に当たっては，学校における全教育活動との関連の下に，生徒，学校及び地域の実態を考慮して，学校の道徳教育の重点目標を設定するとともに，第2に示す道徳の内容との関連を踏まえた各教科，総合的な学習の時間及び特別活動における指導の内容及び時期並びに家庭や地域社会との連携の方法を示す必要があること。
(2) 道徳の時間の年間指導計画の作成に当たっては，道徳教育の全体計画に基づき，各教科，総合的な学習の時間及び特別活動との関連を考慮しながら，計画的，発展的に授業がなされるよう工夫すること。その際，第2に示す各内容項目の指導の充実を図る中で，生徒や学校の実態に応じ，3学年間を見通した重点的な指導や内容項目間の関連を密にした指導を行うよう工夫すること。ただし，第2に示す内容項目はいずれの学年においてもすべて取り上げること。

(3) 各学校においては，生徒の発達の段階や特性等を踏まえ，指導内容の重点化を図ること。特に，自他の生命を尊重し，規律ある生活ができ，自分の将来を考え，法やきまりの意義の理解を深め，主体的に社会の形成に参画し，国際社会に生きる日本人としての自覚を身に付けるようにすることなどに配慮し，生徒や学校の実態に応じた指導を行うよう工夫すること。また，悩みや葛藤（かっとう）等の思春期の心の揺れ，人間関係の理解等の課題を積極的に取り上げ，道徳的価値に基づいた人間としての生き方について考えを深められるよう配慮すること。

2 第2に示す道徳の内容は，生徒が自ら道徳性をはぐくむためのものであり，道徳の時間はもとより，各教科，総合的な学習の時間及び特別活動においてもそれぞれの特質に応じた適切な指導を行うものとする。その際，生徒自らが成長を実感でき，これからの課題や目標が見付けられるよう工夫する必要がある。

3 道徳の時間における指導に当たっては，次の事項に配慮するものとする。

(1) 学級担任の教師が行うことを原則とするが，校長や教頭などの参加，他の教師との協力的な指導などについて工夫し，道徳教育推進教師を中心とした指導体制を充実すること。

(2) 職場体験活動やボランティア活動，自然体験活動などの体験活動を生かすなど，生徒の発達の段階や特性等を考慮した創意工夫ある指導を行うこと。

(3) 先人の伝記，自然，伝統と文化，スポーツなどを題材とし，生徒が感動を覚えるような魅力的な教材の開発や活用を通して，生徒の発達の段階や特性等を考慮した創意工夫ある指導を行うこと。

(4) 自分の考えを基に，書いたり討論したりするなどの表現する機会を充実し，自分とは異なる考えに接する中で，自分の考えを深め，自らの成長を実感できるよう工夫すること。

(5) 生徒の発達の段階や特性等を考慮し，第2に示す道徳の内容との関連を踏まえて，情報モラルに関する指導に留意すること。

4 道徳教育を進めるに当たっては，学校や学級内の人間関係や環境を整えるとともに，学校の道徳教育の指導内容が生徒の日常生活に生かされるようにする必要がある。また，道徳の時間の授業を公開したり，授業の実施や地域教材の開発や活用などに，保護者や地域の人々の積極的な参加や協力を得たりするなど，家庭や地域社会との共通理解を深め，相互の連携を図るよう配慮する必要がある。

5 生徒の道徳性については，常にその実態を把握して指導に生かすよう努める必要がある。ただし，道徳の時間に関して数値などによる評価は行わないものとする。

第2章　各教科　第5節　音楽

第3　指導計画の作成と内容の取り扱い

1 指導計画の作成に当たっては，次の事項に配慮するものとする。

(4) 第1章総則の第1の2及び第3章道徳の第1に示す道徳教育の目標に基づき，道徳の時間などとの関連を考慮しながら，第3章道徳の第2に示す内容について，音楽科の特質に応じて適切な指導をすること。

(他の教科，総合的な学習の時間，特別活動にも同様な記述がある。)

おわりに

『新しい道徳教育の研究――心豊かに生きるモラルを育てる――』の執筆を終えるにあたって考えることは，困難な時代を果敢に生きる心の豊かさをもった児童・生徒を育てることが学校教育に科せられた務めだということです。

社会にはさまざまな困難があります。かつて，困難がなかった時代などありません。現代社会を取り巻く困難は，モノカネ主義です。そして，心を失いました。心を失った現代社会をよりよく生きるには心を取りもどし心豊かに生きることです。それも，物の豊かな時代のなかで，心豊かに生きることであります。言い換えれば，モノやカネと共存しながら，モノやカネにとらわれず，心豊かな精神生活を送ることです。つまり，充実した人生を生きることとなります。

そういう人を育てることが現代日本において，家庭と学校の重要な役割です。だから，心の教育が問題となります。しかし，学校の道徳教育は長い間，誤解のなかにありました。聖人君子，自己犠牲，正義の実現なとどと勝手に思い込まれて，人生に果敢に挑戦する，目標をもって，その実現のために努力を積み重ね，そこで生まれるさまざまな課題に立ち向かう。そのことが，他人に対する共感を生み，他人とともに，心豊かに生きることと，それを導きます。その道徳教育がないがしろにされておりました。

教育を専門とする人々には道徳教育の重要性や課題性は認識されておりますが，価値の問題が科学の問題なのかと問われれば回答はなかなか難しくなります。この問題は今後さらに追究される必要を感じます。

人を騙すことを悪とする社会から振り込め詐欺が日常化する社会に，どうして変わってしまったのか。否，人のお金を騙して自分自身の人生が充実するのか，はなはだ疑問であります。警察が力を発揮して振り込め詐欺を防止します。しかし，悪知恵でさらに巧妙な手口を考え出します。振り込め詐欺と警察の追いかけっこで，この犯罪は解決するのでしょうか。騙すことをしない人間を育てることが必要なのではないのか，と考えます。

地球温暖化をはじめ，経済問題，社会保障制度など未来に対する明るい希望が見えづらい時代となりました。しかし，現実に人は生まれ，生きています。

困難な課題に直面しつつ，解決への挑戦を忘れることはできません。その解決の糸口は今，この社会に存在している一人ひとりの心にあるわけです。

今日，困難な状況のなかでも，教職に志を立て，教師の道を歩み出そうとする若い人々に，ささやかな応援のメッセージを届けることができるなら望外の喜びであります。

また，今日，わが国では，普通の学校の教育力の向上が求められております。そのためには，普通の学校の普通の先生の指導力・授業力の向上がぜひとも必要です。本書が普通の学校の普通の先生のレベルアップに寄与することを心から願っています。

末尾ながら講義のよきテキストとなることを希望しております。

平成20年10月15日

著者しるす

索　引

あ行

か行

た行

な行

〈筆者略歴〉

飯塚　雄三（いいづか　ゆうぞう）

秀明大学学校教師学部教授
日本女子大学人間社会学部非常勤講師
国立音楽大学音楽学部非常勤講師

1985年　上越教育大学大学院学校教育研究科修了（教育学修士），東京都公立学校教員，東京都中央区教育委員会指導主事，東京都立教育研究所指導主事，東京都公立学校校長，宝仙学園短期大学教授を経て，現職。

〈著　　書〉

『思いやりの心を育てる』（共著）　明治図書
『他の人とのかかわりに関する内容の指導』（共著）　文溪堂
『学級担任評価の仕事』（共著）　図書文化社 ほか

〈学 会 等〉

日本道徳教育学会会員
日本学校教育学会会員
日本教材学会会員
日本ラグビー学会会員
短歌誌「遠天」同人

新しい道徳教育の研究――心豊かに生きるモラルを育てる――

2009年4月1日　第1版第1刷発行
2013年8月8日　第1版第3刷発行

著者　飯 塚 雄 三

発行者　田　中　千津子　〒153-0064 東京都目黒区下目黒3－6－1
電　話　03（3715）1501㈹
FAX　03（3715）2012
発行所　株式会社　学　文　社　http://www.gakubunsha.com

印刷所　新製版
乱丁・落丁の場合は本社でお取替します
定価はカバー，売上カードに表示

ISBN 978-4-7620-1897-8